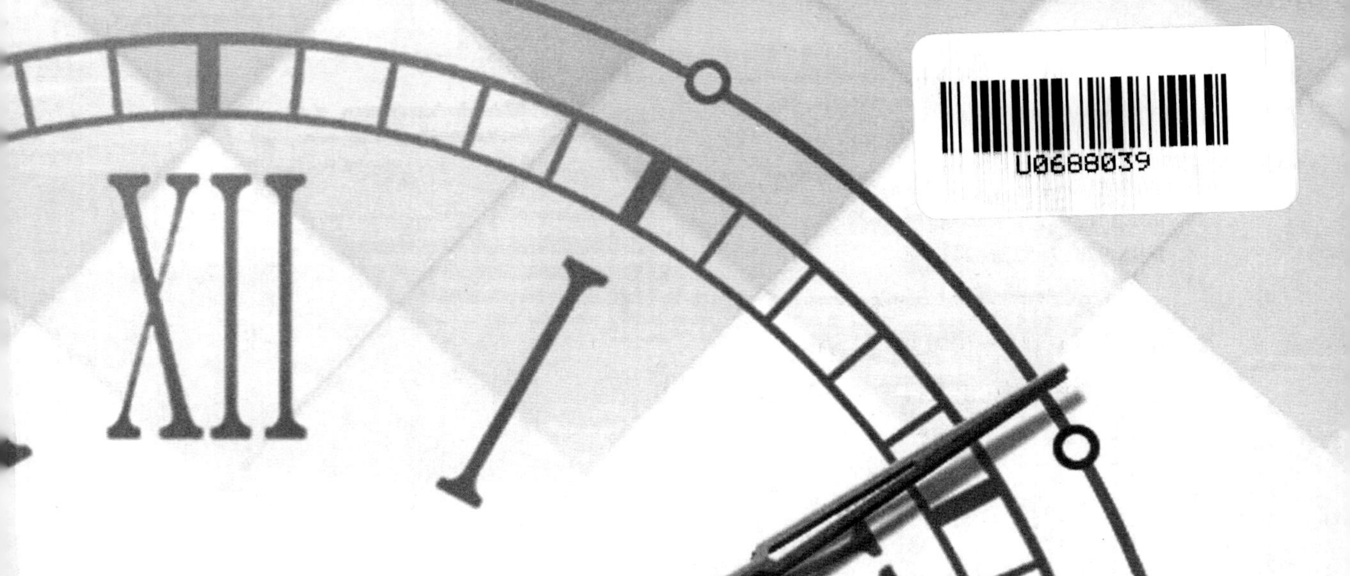

高校学生管理的理念与方法研究

吴　静　裴珊珊 ◎ 著

图书在版编目（CIP）数据

高校学生管理的理念与方法研究 / 吴静，裴珊珊著. -- 北京：中国原子能出版社，2022.12

ISBN 978-7-5221-2414-8

Ⅰ. ①高… Ⅱ. ①吴… ②裴… Ⅲ. ①高等学校—学生—学校管理—研究—中国 Ⅳ. ① G645.5

中国版本图书馆 CIP 数据核字 (2022) 第 228260 号

高校学生管理的理念与方法研究

出版发行 中国原子能出版社（北京市海淀区阜成路 43 号 100048）

责任编辑 潘玉玲

责任印制 赵 明

印 刷 北京天恒嘉业印刷有限公司

经 销 全国新华书店

开 本 787mm × 1092mm 1/16

印 张 9.75

字 数 201 千字

版 次 2022 年 12 月第 1 版 2022 年 12 月第 1 次印刷

书 号 ISBN 978-7-5221-2414-8 **定 价** 76.00 元

前　言

高校作为人才培养的摇篮，承担着人才培养、科学研究和知识创新等重要工作，而高校的学生管理工作又是联系高校教学过程中教师的教与学生的学的各个环节的枢纽和桥梁，在高校教育活动中具有举足轻重的地位。虽然越来越多的高校已经认识到学生管理工作的重要性，但是由于种种原因，目前高校学生管理还存在一些问题，要想进一步提升教学质量，提高学校知名度，必须对高校学生管理工作进行反思与创新。

高校教育的成败关系着国家的兴衰，而学生管理工作又在高校教学活动中起着至关重要的作用，它是联系高校各个教育环节的枢纽，是高校教学质量提升的基础性环节。提高院校正规化学生管理水平是当前高校学生管理面临的新挑战，创造性地做好学生管理工作变得尤为重要。注重高校教师的思想政治教育工作，并把此项工作贯穿整个学生管理工作的始终，是做好学生管理工作的必由之路。高校教师的教学水平、教育理念、教学方法，特别是教师的世界观、人生观、价值观将直接影响学生的思维方式、行为模式以及三观的构建。因此，要加强高校教师的思想政治教育工作，通过各种途径，借助各种方式，引导教师树立正确、积极的教学态度和生活态度，助力学生养成良好的习惯，培养其高尚的道德情操，使其真正成为中华民族复兴伟业的继承者和建设者。

社会的发展离不开人才，人才的培养离不开高校，而高校的发展更离不开学生管理，要想适应新时代，实现新发展，高校必须对自身的学生管理工作进行思想上的创新，加大改革力度，研究适合本校实际的对策。

重视高等教育管理工作是当今世界高等教育发展趋势的必然要求，只有从高度和深度上全面认识教育管理工作，才能更好地提高教学质量；只有明确学生管理在高校教学过程中的地位，改变原有的只重视教学过程、忽略教育管理的偏颇认识，才能使高校教育活动健康有序地展开。高校教育管理者是进行教育管理的基本组织者，管理者自身的素养和业务水平直接影响高校教育管理工作的质量。因此，高校教育管理创新应首先从管理者入手，重视教育管理队伍的建设，全面提高教育管理者的综合素质和能力。与此同时，对于基层教育管理者，应该适当提升其待遇水平，减少其心理落差，为其提供相应的政策支持，从而提升其工作满意度。只有充分调动基层教育工作者的工作热情，使其发挥自身的创造力，教育管理者的创新性才会得以实现。

目 录

第一章　高校学生事务管理

高校学生事务管理并不是中国土生土长的名词，而是从美国流传到中国的，随着高等教育事业的发展，高校学生事务管理对高校本身的发展产生了深远的影响。

第一节　高校学生事务管理的概念

一、学生事务管理的演变

本节将对学生事务管理的相关概念进行介绍，其目的就是让我们更好地理解学生事务管理的内涵。

（一）学生管理与思想政治教育

从某种程度上来说，学生管理总是与我们所说的思想政治教育有着一些联系。下面我们就此来对学生管理进行分析。

作为教师首先要清楚，对学生进行思想政治教育是为了政治目标，所要解决的是有关学生的思想与道德方面的教育问题。上学时，最让人记忆深刻的就是德育处工作的老师，他们时常密切关注学生的一举一动，只要学生有违反关于“德育”方面的行为，他们就会立即对学生进行教育，从而保证学生以后不会再犯同样的错误，以保证良好的学习氛围。

（二）事务管理与学生工作

20 世纪 90 年代，建立在中国特殊国情基础上的学生事务管理的具体内容发生了相应的变化，一些与学生管理相关的管理也随之产生，具体来说有关于学生就业方面的、关于贫困学生资助等。

其实，严格意义上来说，这一时期的学生管理并不是我们现在所说的只是单纯地对学生的管理，这其中还包括对学生的教育这一层面的含义。最开始人们普遍认为所谓的学生管理其实就是管理学生，按照现在来看的话，这种想法很显然是不全面的，对于学生的管理，不仅仅是要管理学生，更重要的是要对学生的一些相关事务进行管理。

随着时代的发展，教育越来越受到社会的关注，这就使得学校关于学生管理的任务增加了，主要体现在两个方面：一是人们迫切需要学校加强对学生的管理来提高学生的成绩；

二是社会责任的存在让学校不得不加强对学生的管理，以保证学生在学校得到良好的教育。与此同时我们可以看到，学生管理的内容得到了进一步充实，涉及学生的方方面面。

我们必须要清楚，学生管理工作的各个方面并不是独立存在的，换句话来说，学生管理工作的各个方面之间都存在紧密的联系，它们之间不能分割，也不能人为地将其分割开来，如果背道而驰，其结果一定会影响我们在实际工作中的效果，甚至影响教育事业的发展。

二、学生事务管理新概念

在借鉴中外学者研究的基础上，结合我国高等教育管理的实际情况，以下对学生事务与学生事务管理做了详细、具体的定义。

（一）学生事务的定义

高校学生事务是指高校为维持大学生正常的学习、生活秩序，促进其全面发展，实现高等教育培养目标，在教学过程之外提供的具体事务，一般可分为管理性学生事务和指导与服务性学生事务。管理性学生事务主要涉及招生与学籍管理、日常行为管理、社团及课外活动管理、奖惩管理、资助管理、宿舍管理、就业管理等；指导与服务性学生事务涉及学生干部培训、活动辅导、心理咨询、学务指导、就业指导、各类信息服务等。该定义包含以下几个方面的含义。

高校学生事务从其内容方面来看，是相对于教学内容来讲的；从涉及的时间方面来看，主要发生在课外活动的时间里；从空间方面来看，主要发生在教室之外的校园环境中。

管理性学生事务强调的是按照规章制度面向全体学生进行规范化的工作，指导与服务性学生事务是按照一定的理论、技能支撑和规范的流程对学生进行个性化的工作，是学生主动选择的具体事务。两者的分类是相对的，如学生事务管理者对心理障碍较严重的学生就要及时给予主动干预。

高校学生事务是以满足学生发展需要和适应人才培养规律为前提的。不是所有的学生需要都会成为学生事务存在的基础，只有存在一定的学生需要且具有一定的社会保障条件才会成为高校所提供的学生事务。

（二）学生事务管理的定义

高校学生事务管理是指高校的专门组织和学生事务管理者依据国家的法律、政策和人才培养目标，在一定的学生事务管理价值观指导下，运用相关专业知识和技能，配置合理的资源，提供促进学生发展所必需的学生事务组织活动过程。从这个定义来看，其主要内涵有以下几个方面。

专业知识和技能是从事高校学生事务管理的基础条件，专业性和职业性是高校学生事务管理发展的内在要求。

高校学生既是学生事务管理的出发点，也是学生事务管理的归宿。因此，促进学生发展是学生事务管理的核心价值和共同使命。

高校学生事务管理的主体包括专门组织（学生工作处、校团委、院系学生工作组等）和学生事务管理者。从纵向方面看，学校专门组织分为校、院两级机构，学生事务管理者可分为高层（校领导）、中层和基层（如辅导员、相关科室人员）人员；从横向方面看，专门组织可按职能进行设置（如就业办、招生办、资助管理科、学籍管理科、宿舍管理办公室等），学生事务管理者可分为专职人员、兼职人员，或由管理者授权、聘任的参与管理的学生及其他人员。

组织活动过程主要是指主体按照各自的管理职能，运用一定的管理方法和资源所进行的实际活动。其过程一般由计划、领导、实施、评估等环节构成。只有如此，管理效率和质量才会大大提高。

高校学生事务管理的客体指主体施加影响的人和事，既包括学生，又包括与之相关的学生事务。

第二节　高校学生事务管理的内容

一、学生事务管理组织的自身管理

高校学生事务管理组织的自身管理主要包括以下几个方面的内容。

（一）组织结构设计

在教学过程中，教师是否能有效地完成学生事务管理的任务，关系着学生管理工作的成败，因此，在这样的前提下，高校的相关领导以及工作人员有必要设计和维持一种合理的组织结构，就是要把学生事务管理进行分类组合，划分若干部门，并根据管理幅度控制原理，划分相应的管理层次，进行合理的授权，明确组织中的各种关系，有了明确的分工以后，才能在实际工作中更有效地解决所遇到的问题。一旦学生事务管理所处的内外环境发生变化或管理目标难以实行，高校的相关管理人员就要通过一系列的措施对这种已经形成的组织和工作关系进行评估和重新调整，以保证学生事务管理工作任务的完成。

（二）队伍建设

美国高校在20世纪中期就完成了学生事务管理专业化进程，比我国开始进行学生管理的时间早得多。美国高校对不同岗位的管理人员的聘任和晋升都有明确的要求，一些专业协会和高校的某些相关专业还为从事这项工作的人员提供职业培训。在他们的学校中都开设有关学生管理的专业，其目的就是为学生管理方面培养相关的人才，以便学生管理事业能够更好地发展。目前我国学生事务管理也正朝着专业化、职业化方向发展。学生事务管理者必须掌握学生状况分析、学生学习生活管理、学生活动和环境评价、经费控制及技术使用等技能。

在队伍建设方面，高校需要做的就是根据学生事务工作人员具体负责的事宜对其进行分类，并建立相应的职责准则，其目的是能够更好地对学生进行管理，同时促使管理人员进步。

（三）制度建设

对于任何团体、企事业单位或者是私营单位来说，其内部都有相应的制度作为整体运用的准则，这首先是一项基本保障，保障人员的工作以及人身安全；其次也是约束人员工作的一项基本措施。制度体现在我国学生管理事务中是最明显的一个特点，但前提是要对国家的教育方针及相关的法律法规进行详细的解读，在此基础之上建立学校的管理制度，不能逾越国家制度的界限。其制度体系主要包括组织设计标准、管理职责、各岗位工作标准、工作程序、工作评估标准与程序、反馈制度。高校在学生事务管理制度体系的运行过程中，应注意管理制度的实施、监督检查和持续改进等环节，从而保持制度体系的有效性。

学生事务管理制度一般要通过一定的制定程序以规定、条例、手册、制度等形式公开发布。

工作评价主要是围绕各组织和管理者的职责、工作计划、专项任务进行考核，可分为年度工作评价、专项工作评价，也可分为机构评价、个人评价，其目的是检查学生事务管理的绩效和学生的满意度，以改进今后的工作，进一步有效利用资源，促进学生发展。

（四）信息化管理

现代科技的发展已经超出了人们的想象，人们生活在信息化时代，对于企业来讲，如果没有精确的数据，没有相关的工作人员对其进行处理，企业的信息化传递是不可能实现的。对于学生事务管理来讲也是一样的，信息化管理是信息系统以数据为中心，而不是事务处理过程，数据是稳定的，而事务处理是多变的。

第一，学生事务信息化管理要建立面向社会、学生公开发布与查询的信息系统，包括学生事务的公告、通知、新闻等诸多方面的信息，学生工作制度，师生信息交流平台，学生基本信息查询，学生综合测评查询，学生奖惩信息查询，毕业生就业管理平台（应包括毕业生、招聘、用人单位等信息的发布与查询）等。

第二，相关的领导以及工作人员要建立起学生事务管理人员、学校其他职能部门发布的一个内部信息管理系统，其具体的内容应该包括学生工作办公自动化系统（应满足公文收发、流转、签发、归档等办公需求）、学生奖惩处罚信息维护、毕业生就业信息维护、学生工作考核与评价体系信息维护等。

（五）经费管理

充裕的经费是开展学生事务管理的保障条件之一。国外高校尤其是美国高校已建立起面向市场的多样化的学生事务管理经费的筹措机制，目前我国高校学生事务管理的资源主要来自高校的拨款。

相对于学生的发展需要来讲，筹措更多的经费仍是学生事务管理部门必须重视的问题。为此，我国高校应借鉴国外高校多渠道筹资的方法，引入社会资金（如社会捐赠、校友赞助、企业资金等）增加资金总量；另外，对现有的经费分配进行科学化、规范化管理，避免随意性，力求达到合理有效的利用。

二、学生事务管理的具体内容

学生事务管理主要包括以下几方面的内容。

（一）招生管理

我们先来做一个设想：一个学校，在一切准备就绪（这里我们所说的准备就绪指的是授课教师、管理人员、硬件设备等基础条件）的前提下，首先需要做的就是招生，因为只有招收到学生，才能开始实施对学生的管理工作，才有后续的一些内容。

至于招生的具体细节，从最开始筛选可以入学的学生，到调查并记录入学学生的基本情况、对准备入学的学生进行注册学籍等一系列工作，实际上招生老师在招生的过程中所扮演的是“推销员”的角色，其目的就是走出去为学校积极地争取生源。一些地区的学校，为了能够更好更快地招收到更多的学生，还特意为招生教师教授市场营销课程，其中包括对学校的宣传等工作。

（二）日常行为与奖惩管理

我们对各国高校的管理情况进行分析，可以发现一个共同的特点，那就是每所高校都将学生的日常行为管理放在了学生管理事务的范畴中。不管是什么样的学校，每个班级中总是会出现一些调皮的学生，在上课的时候给老师捣乱，不认真听课，导致课堂秩序混乱等。对于这样的学生，学校通常情况下首先会对其提出警告，如果再有类似的情况发生会找学生谈话，但是当所有的措施都起不到相应的效果的时候，学校就会联系学生的家长，与家长做相应的沟通，情节过于严重的可能会勒令其退学，以免对班上的其他同学造成更大的影响。

需要注意的是，学校在对违纪学生进行处理的过程中，需要遵循一定的程序。

（三）入学辅导

学生在刚刚进入校园时，由于是一个全新的环境，与之前所在的学校有着很大的差别；而且，有一些学生选择的是外地的学校，如果是南方的学生选择来北方的学校学习，首先不适应的就是当地的气候，他们会不适应北方寒冷干燥的天气，北方的学生去南方的学校也是同样的道理，这就需要教师给予学生一定的关怀。另外，由于与之前学校的学习环境不同，学生开始并不清楚自己要去怎样学习，教师的任务就是帮助学生对这一转变进行调节，使学生尽快适应现在的学习和生活环境。

（四）宿舍管理

说到宿舍我们并不陌生，宿舍是每个学生在学习之余休息的地方，在这个地方学生无话不谈，有时候可能说到在上课的过程中发生的一些好玩的事；也可能说到上课时学习的内容没有听明白，请其他的同学帮忙讲解，以便第二天的课程能够顺利进行；也可能会谈论到某位教师上课时的举动或者是让学生难以忘记的某些话语。我们需要明确的是，宿舍是公共场所，在这个场所中我们不能只顾自己的感受，忽略其他人的存在。在别人准备休息的时候，我们就要将自己的音量放低，以免打扰其他人休息，这是尊重他人的表现。教师的职责就是要培养学生养成良好的学习习惯与生活方式，促使学生在这个环境中不断成长。

在我国的高校管理中，宿舍管理的价值还未充分挖掘，这也许与我国高校重视班集体建设有关，但随着后期社会化和教学学分制的推行，这一状况将会有所改变。

（五）学生组织管理

当我们刚刚进入校园、融入这个大集体生活的时候，首先接触的就是学校的各种社团组织，有时候社团还会到学生宿舍宣传，发展社员，以便壮大社团。

对于这些社团组织的管理其实也是在学生管理的范畴中，为什么这么说呢？一般来说，这些社团的构成都没有教师参与，都是学生自发组织的，他们这些人都有一个共同的特点，就是都对他们所进行的这件事非常热爱，比如篮球协会、英语协会、计算机协会等，他们都对篮球、英语等有着同样的热情，聚集在一起就是为了一起探讨如何才能在学校这个自由的空间内发挥他们最大的作用。

学校所能做的就是尽最大的可能为这些社团组织提供相应的场地，有条件的情况下，可以请专业的教师对其进行指导，不让其走弯路，使其在学校得到更好的发展。

（六）学生就业指导

学生在经过了几年的学习之后就会离开学校，正如一句话所说："铁打的营盘流水的兵"，学校里的学生就像部队的兵一样，每年都会招收来不同地区的"兵"，但是"部队"还是"部队"，永远都不会变，"兵"却在每年都发生变化，学校就相当于部队这个营盘，一直存在在那里，等待新的学生到来。

学生临毕业之际，学校的管理人员所要做的就是对学生的就业前景、就业方向进行分析，如当前最繁荣的行业在经过几年之后可能发展成什么样，现在的冷门行业再过几年之后会不会发展得比现在的热门还要繁荣，这就要求教师对现在的市场行情有一定的了解和分析，从而帮助学生就业，对学生进行相应的指导。

（七）学生资助管理

就目前我国高校的教育来看，学生在学校中学习时的花费相对来说还是比较高的，尤其是来自我国一些较为偏远地区的学生，可能无力承担学校的花费，基于此，高校已经采取了一些措施来保障学生学业的完成，那就是对学生经济上的资助，由于这与学生密切相关，因此有关学生资助方面的内容也被划分到学生管理事务中来。

当然，除了上述方面，学生的事务管理内容还有很多，并且随着社会的发展，一些大学为了适应学生的需要，不断增加新的学生事务项目，如美国一些高校增加了诸如对艾滋病患者的管理，解决性骚扰、性暴力问题，以及防止种族、性别歧视等新的管理内容。

三、学生事务管理的特点

高校学生事务管理的特点主要表现在以下几个方面。

（一）科学性与艺术性

作为管理人员，对学生的相关事务进行管理时要懂得一定的科学性，实际上也就是要懂得把握学生的特点，明确科学的指导思想，在具体的组织活动过程中，制订科学的管理制度和工作计划，对学生实施正确、有效的教育、管理和服务，促进学生全面发展。

学生事务管理的客体既包括具体事务也包括学生，但最终要通过学生的发展体现管理的价值。大学生作为学生事务管理活动中最活跃、最重要的因素，宏观的科学管理不能解决全部问题，尤其在面对学生个性的差异、管理结果不可预知或难以量化时，必须结合管理的艺术性。学生事务管理的艺术性是指将人的情感、友谊、自尊等非理性需要纳入学生事务管理思维中，并具有应对非常规、突发事件的随机应变的处理能力和面对不同特质学生的灵活发挥的管理艺术。

科学性是学生事务管理必不可少的基础。它注重客观数据、分析结论、程序化、规范化、理性体验和同一性。科学性强调在学生事务管理过程中行为的严谨性、系统性和完整性，如同人的骨架和躯干的作用带来平衡和稳定。艺术性是一种思维的升华，如同流动的思想、神韵和血液带来活跃与发展，是一种个性化的管理。因此，在学生事务管理实践中，应注重科学性与艺术性并重。

（二）普遍性与特殊性

我们知道不管任何事务，其本身都是一个统一的矛盾体，就像一个个体的人一样，在个人身上既存在其他人的一些共性，同时还存在自身的特性。对于学生事务管理来说，这件事既有普遍性，同时还存在一些特殊性。

1. 普遍性

1）服务意识

学生在入学之后首先要做的就是熟悉学校的环境，这里我们所说的环境因素有很多，主要包括两个方面：一个是自然环境；另一个是人为环境。自然环境就是学校的分布状况，学生每天都要去上课，学生首先要明确上课地点的具体位置，不能临近上课还在匆忙寻找教室的位置。

我们所说的人为环境就是指学生对老师与其他同学的熟悉，这时教师需要做的就是帮助学生熟悉身边的环境，关心他们的学习和生活，这样学生才能在一个良好的环境中快速成长。

2）多样的工作职责

对于学生事务管理来说，中外高校都有着相同的工作职责，通过我们对学生事务管理工作的进一步了解可以发现，不同高校中所具有的相同的管理职责基本上包括这三方面的内容，即教育、管理、服务。

首先是教育方面，主要是针对学生日常的一些情况的把握，当然这其中也包括对学生日常行为的一些约束；其次是管理方面，主要是体现对学生管理有关政策、制度的执行及执行程序的公正、公开；最后是服务方面，主要体现的是对学生的主动干预和对需要帮助的学生提供支持。

3）学生的主体地位

我们应该都听说过一句话，其基本意思是学校的教育中，教师居于主导地位，教育的主体是学生。从这句话中我们能够看出，在学校中，学生是我们一切工作的中心，学生在学校的发展是学校管理人员的基本出发点。

2. 特殊性

各国的教育发展都有其本身的特殊性，加之国情的需要、历史文化背景的不同以及各国之间社会环境的差异所导致的在管理方面的理念有所不同，这就是我们所说的特殊性。即便是在同一个国家的不同地区，由于学校的发展状况的不同，在学生管理方面也会有着明显的差异。我国高校学生事务管理的特殊性主要表现在以下几个方面。

1）强调中国共产党对高校学生工作的领导

实施党政合一的两级管理模式，党委是高校学生工作的领导核心。高校建立和完善党委统一领导、党政齐抓共管、专兼职队伍相结合、全校紧密配合、学生自我教育的领导体制和工作机制。

2）采用主动干预式的学生事务管理方式

西方国家的学生事务管理主要是“窗口服务式”，在学生需要的前提下，为找上门来的学生提供服务，学院很少有学生事务管理专职人员。我国高校在院系基层设有学生工作副书记和专职辅导员，他们在日常生活中直接与学生建立密切联系，主动介入学生学习与生活，开展各种教育管理工作。

3）重视班集体的建设和管理

班级是我国高校最基本的学生组织。从入学到毕业，每一位学生都有与自己发展紧密联系的班集体。这与西方高校学生以社团或宿舍为基本组织有显著的区别。班级组织是学校教育、管理和服务的基本组织细胞，也是学生事务管理的主要载体之一，它一般设有班委会和团支部两个组织。我国高校对所有的大学生提供住宿，这是不同于西方高校学生事务管理的一个特点。在高等教育大众化进程和发展学生个性的教育目标中，学生社团组织日益显示其重要作用，但班级组织仍是学生事务管理者必须重视的学生组织，其教育和管理价值仍是不可替代的。

（三）教育与管理双重属性

在从事指导性和管理性的学生事务时，学生事务管理实际上是帮助学生探索和澄清价值理念，正确处理好个人与集体的关系，约束自己的行为，明确职业发展目标。即使是处罚违纪的学生，也应以教育学生为出发点，而大量服务性事务管理也是根据学生需要和不同的成长阶段要求，为学生提供专业的服务及设施，以帮助学生成长。因此，在高校学生事务管理的过程中，传承、发展了大学文化，从而对学生起到了潜移默化的教育作用，实现了教育属性与管理属性的融合。

正是基于这一特点，高校学生事务管理者并不是一个单纯的身份，他们在学校中所扮演的不仅仅是一位领导者，同时还是一位管理者，更重要的是他们同时还是一位教育者。从这一点上来说，就要求学生事务管理者按照大学的人才培养目标，不懈地从事促进学生发展的工作。作为领导者的角色，学生事务管理者必须把具体事务的要求与配置和分配合理的人力、设施、经费等协调起来，以促成学生事务管理目标的实现；作为管理者的角色，他们必须合理地运用人力资源、物质资源和管理方法，从而确保其他相关工作任务的顺利实施。

第三节　我国高校学生事务管理的产生与发展

一、1978 年—20 世纪 80 年代中期

党的十一届三中全会以后，我国的文化事业得以重建，在高校学生事务管理方面，最开始我们主张的是“学生政治思想工作”，从这几个词语的顺序上我们就可以发现，之前工作的重心在思想工作上，而在这之后，中央领导提倡将学生教育的主张改为“学生思想政治工作”，如果我们分别将前后四个字分开来理解的话，“学生思想”主要解决的是学校的学生在思想方面的问题，而后面的政治工作，很明显是建立在学生思想的基础之上，换句话来说，这一时期的政治工作的内容就是学生的思想工作。

我国改革开放的初期，外界各种先进的技术以及先进的思想进入我国，这从某种程度

上来说，丰富了我国学生的思想，也正因为如此，才使得我国对学生的管理比之前更加严格，其主要表现在我国出台的一些相关的政策文件上，这些文件的出台对当时的学生管理起到了非常重要的作用。

（一）管理机构

这一时期针对学生的管理机构并没有独立，而是建立在学生人事处的基础上来实现学生的管理工作，这从某种程度上来说，有其一定的局限性，不利于对学生的管理。

（二）统招统分政策

这段时期的学生工作内容较为单一，主要是党团教育活动、班集体活动、文体活动，并以严格管理学生为原则。

（三）重新确立德育地位

在之前的管理中，一直都是由政治统率教育，政治目的是我们做任何事情都需要遵循的最根本的目的，改革开放以后，在我国的学生管理中，政治与德育的比重发生了一些变化，政治不再处于绝对地位，德育开始变得重要，这也使得我国从这时候起开始了一种新的学生工作管理模式。

（四）辅导员制度

与现在的辅导员的任职比起来，当时那个年代对辅导员没有特殊的要求，有的是在当年的毕业生中选拔的优秀毕业生担任辅导员，有的是从其他的岗位上调派过来的。

二、20 世纪 80 年代末—20 世纪 90 年代

中共中央颁布的《关于教育体制改革的决定》（简称《决定》）总结了中国教育发展的正反两方面经验，特别是中国共产党十一届三中全会以来教育改革方面的经验，指出了中国教育体制改革的战略目标，确定了教育体制改革的根本目的和指导方针。《决定》要求改革高等学校的招生计划和毕业生分配制度，扩大高等学校办学自主权，即改变高等学校全部按同家计划统一招生、国家统一分配毕业生的办法，实行在国家计划指导下，由本人选报志愿、学校推荐、用人单位择优录用的制度。此后，按照《决定》指明的方向，各高校循序渐进地开始进行毕业生分配制度的改革。

（一）管理范围

对于学生管理工作内容的范围来说，与之前相比丰富了很多，最初我们只是停留在学生管理的表面阶段，发展到这一时期，学生管理工作的内容已经涉及学生工作，这对于学生管理来说是以前从来没有接触过的，是全新的内容，当然在这些全新的内容中，有一些是之前本来就存在的，只不过没有显露出来。

现在的学校不负责毕业生的工作分配，但是在之前的很长一段时期，从学校毕业的学

生都要到毕业分配办公室去，其目的就是等待分配工作任务。在经过一系列改革之后，这种“包分配的办公室”也同时进行了改革，将其变更为“就业指导办公室”，这样做的目的就是加强学生在社会上的能力培养，为其在毕业后的工作中奠定基础。

除此之外，国家相关部门还出台了相关的政策，其内容主要是对就业指导工作人员职责的具体划分。

（二）工作地位

在此之前，学生工作都是与学校的普通管理工作混合在一起进行的，从这个时候开始，学生管理工作开始独立出来，成为一个独立的个体进行管理，其工作的程序也逐渐趋于系统化。

（三）对管理人员的培训

这一时期，学校逐渐开始对管理学生的管理者进行系统培训，培训主要包括知识与技能两个方面，其目的主要是通过系统的培训，使管理者更加善于对学生的管理。

（四）对学生社会团体的管理

在此之前的时间内，学校内由学生组成的社会团体，除了由学校教师直接干预的学生会，很少有独立存在的社会团体，在这之后，由于相关政策的出台，社会团体的数量也在这一时期大量增加，学生自我管理的能力逐渐增强。

三、20 世纪 90 年代末—21 世纪初

这一时期我国开始连续扩大招生规模，高等教育发展进入了一个新的阶段。

我国高等教育全面实施市场化的大学生就业制度、高等教育成本分摊与后勤社会化制度，大力加快高等教育大众化步伐，同时大学生就业压力日益增加，信息化和全球化等对高校人才培养产生了全面影响。这都使得高校人才培养模式和管理模式发生了深刻变化。

进入高校的经济困难学生数量增加，急需建立完善的“奖、贷、助、减、免”的资助体系。为此，教育部、财政部下发《关于进一步加强高校资助经济困难学生工作的通知》来改善这种状况。

由于经济、学习、生活、就业压力的增大，出现心理障碍的学生也日益增多。2001 年教育部颁发的《关于加强普通高等学校大学生心理健康教育工作的意见》指出：高校培育的学生不仅要有良好的思想道德素质、文化素质、专业素质和身体素质，而且要有良好的心理素质。2002 年又下发了《普通高等学校大学生心理健康教育工作实施纲要（试行）》，强调在开展大学生心理健康教育工作中要特别重视开展大学生心理辅导和咨询工作，并对高校心理咨询工作提出了更高的要求。

同时，随着不断扩招，大学毕业生人数逐年增加，随着国家第一批扩大招生后毕业生的到来，高校毕业生的就业压力猛然增大。为此，2002 年教育部、公安部、人事部、劳

动保障部四部门紧急出台了《关于进一步深化普通高等学校毕业生就业制度改革有关问题的意见》；同年9月，四部门再次下发《关于切实做好普通高等学校毕业生就业工作的通知》。两份文件同时强调了做好高校毕业生就业工作的重要性，并提出要在中央、地方和高校三个层面形成招生、培养、国家经费投入与就业相互联系、相互制约、相互促进的管理运行机制。这两份文件的出台，使得各高校对就业工作达到了前所未有的重视程度，几乎所有高校都成立了“就业指导办公室”或“就业指导中心”，归入学生工作处管理。其主要职责包括：为在校生开设就业指导课，帮助学生确立择业目标；收集和发布就业信息；传授就业技巧，提供与就业相关的咨询和培训，与用人单位联合召开就业宣讲会和毕业生招聘等。

学生事务管理专职人员的素质不断提高，学生事务管理制度得到完善：各高校通过选留硕士毕业生担任专职辅导员、鼓励原有低学历的学生事务管理者攻读研究生课程班或学位班等方式，大大改善了专职学生事务管理者的学历结构。

学生事务管理有了较为鲜明的理论基础。在马克思主义关于人的发展学说和我国教育方针的指导下，广泛吸纳思想政治教育学、高等教育学、高等教育管理学和心理学等学科的研究成果及西方有关大学生发展的理论，逐步丰富了学生事务管理的理论基础。在实际工作中，开始重视对学生特征、学生思想的研究，注意考虑学生的心理需求和尊重学生个人的正当利益，在重视对学生规范和控制的同时，开始形成学生成才服务的管理观念。

对外的学生事务管理交流、培训和研讨开始增多，各种研讨会、国外高校访问学习、国际学术会议为学生事务管理新理念、新发展的传播提供了良好的交流平台。

四、2006年—至今

随着我同高等教育迈入大众化阶段，其增长方式逐渐从规模和数量的扩张转向质量的提高。党中央、国务院明确指出要把高等教育发展的重点放在提高质量上，适当控制招生增长幅度，相对稳定招生规模，着力培养学生的社会责任感、实践能力和创新精神。教育部、财政部联合下发文件，决定实施“高等学校教学质量与教学改革工程”。同时，教育部下发了《关于进一步深化本科教学改革全面提高教学质量的若干意见》，号召全面提高高等教育质量，努力办好让人民满意的高等教育。可以说，提高质量已成为中国高等教育的时代主旋律。

作为高等教育的有机组成部分，提高高校学生事务管理质量也成为高等教育的重要目标之一。要提高高校学生事务管理质量，高校学生事务管理就必须实现专业化的发展。这也是西方发达国家高校学生事务管理的历史演变给予的有益启示。同时，在社会主义市场经济条件下，用人单位对毕业生提出了更高的素质要求；全球化、信息化背景下的开放办学对如何教育、引导和服务大学生也提出了新挑战。社会经济和文化水平的发展变化及高等教育自身所进行的种种变革，使高校所处的生态环境中处处隐含着众多可变性和未知因素，其工作本身便具有不可预测性的学生事务管理，在上述背景下已显露出明显的不足，无论是管理意识、工作机制，还是队伍建设和资源配置，都呼唤着专业化的变革与发展。

可以说，我国高校学生事务管理正日益走向专业化全面发展时期，并呈现出如下几个方面的特点。

（1）学生事务管理机构更为完善，管理与服务内容也进一步拓展。学生课外活动内容也日益多元化。

（2）确立了学生事务管理“以人为本”的理念和较为系统的理论基础。学生事务管理的使命将更为明确清晰。

（3）推动学生事务管理学科建设。部分高校逐步开始在高等教育学专业下设立学生事务管理研究方向，并招收研究生；组织成立相应的学会组织，并经常举办学生事务管理相关内容的研讨会。

总之，经过几十年的发展，我国高校学生工作逐渐从单纯强调思想政治教育转变为教育、管理和服务并重，学生工作体系也由单一的思想政治教育演变为思想政治教育和学生事务管理两个子系统。在这一过程中，学生事务管理专业化水平有了很大提高。

第二章　高校学生事务管理理论

高校学生事务管理在我国存在的时间相对来说还不是很长，但是经过了一系列的改革以及对西方发达国家学生事务管理的借鉴，已经形成了一套自己独特的管理模式与管理理论。

第一节　高校学生事务管理的基本理论

一、高校学生事务管理的目标

在我国，学生事务管理的基本目标是：通过非学术性事务和课外活动的组织指导和管理，对学生施加教育影响，以规范、指导和服务学生，丰富学生校园生活，促进学生成长成才。

二、高校学生事务管理的任务

高校学生事务管理受诸多因素的影响，如学校的传统、历史、文化、办学目的、地理位置、师生构成等。尽管如此，对于我国大多数高校来说，学生事务管理的任务是基本相同或相似的，一般分为针对学生个人、学校、社会的三类任务。

（一）学生个人

对于学生个人来说，高校学生事务管理的任务主要包括以下几个方面的内容。

第一，要帮助学生学会选择，并且在对正确的事物选择之后还要对其进行相应的判断。

第二，要在学生学习的过程中帮助学生，当学生需要一些有助于学习的学习资料时，教师要善于发现，帮助学生解决燃眉之急；当遇到有学生因为家庭贫困在生活、学习中遇到困难的时候，可以向学生推荐申请奖、助学金以帮助学生顺利完成学业。

第三，要帮助学生在其求学的路程中确立人生的奋斗目标，促使学生在学校努力完成学业，获得进一步发展的机会。

第四，帮助学生成功地适应大学生活，鼓励学生健康的生活方式。

第五，要帮助学生在生活与学习中处理好人与人之间的关系，培养学生良好的交际能力；帮助学生学会在遇到困难的时候如何冷静下来解决问题，而不是抱怨为什么问题会出现在我身上。

第六，为学生的全面发展以及素质的提高提供各种平台和机会。

（二）学校

对于学校这个系统来说，高校学生事务管理的任务主要包括以下几个方面的内容。

第一，对学生的受教育情况和社会实践进行评价，以改善学校的工作。学生事务管理部门应当经常向其他主管部门反映学生的学习、生活和课外活动等与学生培养质量、提高管理水平、改善服务有关的情况，旨在更好地培养人才。

第二，要通过执行和完善学生行为准则来体现学校的价值观念。要求学生做什么和不能做什么，反映了学校的价值观念。学生事务管理部门在执行和修订学生守则时，也把学校的办学指导思想和价值观念具体化了。

第三，要对学校的一些相关事务进行管理。在这个过程中，学校会根据相关的政策做出一些决定，并需要对这些已经形成条文的决定承担相应的责任。

第四，要通过相应的措施加强对学生的管理，同时还要加强对学校财力资源的管理。

第五，应及时解决任何可能发生的突发事件，为学校排忧解难。

第六，既要做到对学校办学目的的维护，同时还要向外界不了解学校的人解释学校的办学理念及相关政策。

第七，要鼓励教师和学生之间加强相互联系，帮助教学人员处理好师生关系。

第八，需要制定有助于校园安全和稳定的政策和方案，维护学校的稳定。

第九，积极从事学术和专业活动。这里的学术和专业活动，主要是指学生工作的学术和专业活动，目的是要让学生管理工作人员能够在自己的工作领域成为专家。

第十，鼓励和协助学生参与学校管理。在校园里，凡是涉及学生切身利益的方针政策，都应当有学生的参与讨论。

第十一，在学校制定或修改方针、政策时，提供有关学生情况的信息。

（三）社会

对于整个社会来说，高校学生事务管理的任务主要包括以下几个方面的内容。

1. 树立法治观念

我们现在的社会是法制社会，在这样的社会条件下，我们每个人都必须树立一定的法制观念，从而保证社会秩序的正常进行。

我们都知道《中华人民共和国宪法》是我国的根本大法，其他的法律条例的制定与颁布都是在尊重《中华人民共和国宪法》的基础上实行的，因此学校有必要让学生了解国家法律的重要性，增强学生的法制观念，培养学生具有较强的道德判断和选择能力。

2. 了解国情

由于早期的中国是闭关锁国的状态，国门也是被迫打开的，而中国的特殊国情正是因为此前的这些事件所造成的，学校有必要让学生了解中国国情的由来以及当代国情的形势，以使学生更具民族使命感。

当然，更多地了解国情还能使学生将个人利益与民族利益联系在一起，心怀国家利益投入社会工作中，能够促使学生为社会多做贡献，促进社会的全面发展。

3. 学习马列主义等相关思想

马克思列宁主义在中国传播由来已久，并且我国历代领导人都是在马克思列宁主义的思想指导下进行决策的，它是我国发展的根本前提。

4. 理解党的基本路线

要帮助学生正确理解和坚持党的基本路线，坚持以经济建设为中心，坚持四项基本原则，坚持改革开放；学会识别和抵制各种背离党的基本路线的错误倾向，拥护中国共产党的领导，走中国特色社会主义道路。

三、与高校学生事务管理相关的概念

（一）校园环境理论

1. 结构组织模式

绝大多数人生活在有明确目的性的环境里，例如教室、办公室、服务中心等。“如何组织”、“如何实现目标”和“谁来负责”等问题，决定了环境影响的有效性，在实现目标的过程中必然要做出一系列的决定，这就必然涉及如何使用各种资源、应该遵循什么规则、如何营造氛围吸引每个人注意力等问题。

结构组织模式理论认为，组织环境的动态或静态特征会影响参与者的士气。而高校这样一种教育环境，同样也会影响学生的行为与情感，高校管理中所呈现出来的这种具有动态性质的组织模式形成一定的结构类型。大学作为一个动态的教育机构，大学里众多的部门和单位都要不断提高自身适应环境变化的能力，以满足学生个人发展需求。

2. 物理模式

物理模式理论认为，所有环境都具有自然的和人造的物理特征，影响着置身其中的人们的行为。物理特征主要包括建筑设计、空间、距离等因素，这些因素通过光线、温度、空气质量、设施、人口密度等条件，对人们的注意力和满意度造成了巨大影响。物理环境不能直接导致特定的行为或态度，必须与其他因素共同加以考虑。

物理特征在某种程度上影响了校园环境对学生的吸引力和学生对校园环境的满意度。现代大学越来越注重人群密度、学生的私密空间及空间的舒适度，不仅要考虑学生的容纳力，还要考虑到不同学生对空间的不同感受。教师和学生事务管理者在与学生互动的时候，对空间条件的重要性要有足够的认识。例如，学生社团办公室的大小、学生宿舍的容量、心理辅导办公室的布置和陈设等。

3. 人与环境互动

人与环境互动理论主要是解释包括物理和人文环境在内的特定情境，以及特定情境对学生发展的影响。高质量的大学教育来源于个人和环境的互动，无论是学校的独特校园文化，还是校友的成功传奇故事，以及大学组织传播的信仰与价值观，都直接影响了学生的人生观、价值观及行为方式。

从另一方面来看，学生应对环境的能力是大学的培养目标之一，学生学会创造、选择和超越环境是大学的培养成果。为了促进学生个体的成长，必须尽可能保持人与环境之间的连续性，教师、学生事务专业人员和其他学校机构应该联合起来，为创造、保持、加强积极正面的校园环境而努力工作。

（二）学生发展理论

学生发展理论借鉴了学习理论、组织行为学、人口统计学、教育哲学、管理学、组织发展等各方面的理论。高校把学生发展理论作为设计辅助课程的指导纲领，能够使学生学习过程更有方向性和目的性。

1. 人格类型

正如我们所看到的，我们生活范围内的每一个个体都有着明显的差别，首先是人的外貌，这是区别人与人的最首要的条件。“不见其人，先闻其声”，从这句话我们可知，虽然我们没有看到说话的人出现在我们的视野范围之内，但是他说话的声音传入我们的耳朵，我们可以通过声音的不同来判断这个人是谁，因此，我们除了对外貌的观察，听辨声音也可以分辨出不同的人。从本质上来说，我们对类型不做优劣的评价，任何事物的任何一种类型都有一定的积极意义。

类型理论认为人类行为的变化不是随机的，而是由人类认知功能的先天差异决定的。这种差异体现在生活的很多方面，比如人们如何接收和加工信息、如何学习以及如何激发他们对不同活动的兴趣等。类型理论增强了我们对大学生学习的理解，学生之间都是存在一定的差异性的，我们通过对这些差异性的对比与联系，能够很好地帮助学生发展其他方面，同时也便于管理人员对他们的理解。这种类型的理论在对同学进行分组、调解矛盾、帮助学生在活动中彼此了解等方面大有裨益，对学生发展咨询顾问、大学互助会和校友会的组织者具有重要的意义。霍兰德创立的职业选择理论，着眼于了解与研究学生个性与环境的关系，也经常用于帮助学生进行职业规划。

2. 学生工作

从我国高校管理工作的内容上来看，其工作直接指向学生，并且他们并不是漫无目的的，而是有一个系统的计划，从而能够更好地为学生提供各种服务，提高学生的综合素质，时刻提醒、教育学生向好的方向发展。

随着时代的发展、社会的需要，我国对于教育方面的改革不断推进，由于我国在教育方面与西方其他国家比起来起步较晚，因此，西方国家中一些先进的理论以及实践成果我们可以借鉴性地拿来使用，当然还有一些国家的学者将他们的研究成果带到我国，使得我国的教育事业得到了进一步提升，一些相关的理论被陆续介绍到我国，也受到高校学生工作者的关注和借鉴。

相对而言，西方国家所推崇的“学生事务管理”与我国所推行的“学生工作”有着一定的共通性，但是对于两者来说，其侧重点是有所差异的。

通过上述我们对我国与西方在学生管理方面相关内容的对比可以发现，它们在范围上有着明显的区别，显然，西方国家所实行的学生管理的范围要大于我国的学生工作范围，在研究中我们要始终遵循求同存异的原则，研究在我国环境下隶属于同一范畴的内容。

3. 认知结构

认知结构这一理论主要关注点不是人们思考什么，而是人们如何思考；强调遗传和环境在智力发展中的重要性，并提出了智力发展的若干途径；认为人的“认知结构”总是按照一定的序列发展。认知结构理论对学生事务中的学术咨询具有一定的影响。

从近几年的发展情况来看，认知结构理论主要研究智力发展和道德发展，并开始关注认知发展中的性别差异问题，而对人格和社会能力少有涉及；在学生发展问题上，传统的理念是以社会为主体，以社会化为目标来塑造学生。现代的理论则凸显教师和学生两个主体，强调学生是发展的主体。因此，应把智力发展、价值塑造、人格养成等视为学生发展的基础问题。

4. 心理发展

在现实生活中，我们很多时候的一些行为都是因为心理原因在作祟，原本没有那么大的事，但是一个人如果始终纠结心里的感受或者别人心里的感受，那么他就不容易释怀。人们在不同阶段会出现不同的问题，而在不断成长及发展中，人们可以解决不同阶段面临的问题。

心理发展理论把“学生个体的发展”作为分析和思考学生需求和反应的出发点，对学生事务管理专业人员有着重要的参考价值。心理发展理论认为，学生生理发展和智力发展的不同阶段都可能会遭遇到挫折和障碍，经过系统训练的学生事务专业人员可以应用心理发展理论指导具体的教育实践。

5. 学生人事、学生服务与学生发展

这里所说的“学生人事”、“学生服务”与“学生发展”这三个概念其实都是在“学生事务”这一概念的演变与发展过程中出现的，只不过在具体的定义上有所差别。

在20世纪初期时，美国的一位校长对“学生人事”这个概念做了相关的解释，他致力于研究学生的心理，是当时很著名的心理学家。他将此定义与学生的需要为主要发力点，主张管理人员的任务就是要充分为学生服务，而学生的任务就是要通过一定的训练掌握生活技能。

当时间发展到20世纪中叶时，此时的情况与之前已经发生了明显的变化，这一时期随着学生多样化需求的增加，逐渐出现了另一个较为新颖的概念——“学生服务”，这与上文中我们所说的学生人事有着一定的区别，它所强调的范围更为广阔，不仅包括在学校中需要学习到的技能与管理能力，同时还包括在毕业以后的工作中的一些非常有实用性的技能。随着时间的推移，在学生服务的基础上又逐渐衍生出了另一个范围更为明确的概念——“学生发展”，它主张学生的发展是学校发展的唯一途径，只有当学生发展的好的时候，才有学校的发展，因此学校要尽量为学生排除在学习生活中所遇到的困难来帮助学生更好地学习，并按照学校所计划的来进行学习，注重校园环境对学生影响的重要性。

从整体上来看，学生发展理论具有综合性，是人类发展规律在学校环境中的应用，它注重整合校园里的各种资源实现目标，营造有利于发展的环境。校园中，很多人把学生发展仅仅看作学生事务专业人员的工作，但学生发展理论强调学生发展涉及学校中的各个部门，各部门间应加强互动、平等协商以及与全方位合作。

第二节　我国高校学生事务管理的理论基础

一、人的全面发展理论

我国在关于人的全面发展理论方面主要是受马克思主义的影响，自新中国成立后，我国便开始沿着马克思主义的思想前进，可以说在我国所进行的人的全面发展理论上，马克思主义做了非常大的贡献。

（一）全面、自由的发展

马克思的理论中对于发展尤其是人的发展有多方面的内容，其理论的中心一半集中在全面上，剩下的一半全都放在自由上，他主张我们要自由地发展，并且要协调发展。只有当人全面发展之后，这个人在其各个方面的发展才是全面的，才能在现实社会中承担更多的社会责任，为社会的发展做出更多的贡献。

在现实社会的发展中，我们每个人之间都是存在一定差异的，这种差异可能表现在能力上，可能表现在天赋上，也可能表现在人在接触事物时的反应能力上，等等。总之，人与人之间能力的不同是我们不能决定的，我们不能期望每个人都像爱因斯坦一样聪明，更不能期望每个人都能像牛顿一样能够研究出万有引力的存在（重要的是万有引力已经存在，我们已无须再去研究），但是这里马克思所要强调的是，虽然我们的起点是不同的，但是同是身在这个社会的人，社会应该为我们提供同样的条件去发展这样的才能，只有具备了一定的发展条件，我们才可能朝着这个方向不断发展。

上文中我们说到马克思所主张的“全面”将一半放在了自由上，这里我们所说的自由主要表现在人的个性发展上，不束缚个性化的发展。用最简单的例子来说明，我们平时走在大街上时常看到有人用牵引绳拉着狗在街上遛，这种行为相对来说束缚了狗的自由性。有人说，我们完全可以将牵引绳放开，让狗自己走，说这话的人肯定没有想过这么做的后果，这样做不仅我们左右不了狗的行为，而且它在街上遇到一些突发的状况时我们也无力制止，所以对于动物来说适当的约束才是其最好的发展，而马克思所倡导的人的发展是我们需要遵循的准则。

另外，除了上述我们所说的自由与全面的发展，还有一点是我们必须要说的，那就是对于人在发展过程中“充分”的理解。“充分”这个词我们在自然界中可能会经常见到，当我们在野外的某个地方看到一些植被的生长时，一些阳光充足、植被能够充分吸收水分与阳光的地方，植被生长得都会比较茂盛，而在一些缺乏水分或阳光的地带，植被的生长就像是缺乏营养的儿童一样“面黄肌瘦”。同样的道理，人的发展也是一样的，当人在发展的过程中其能力得到充分的发展，才能在发展的过程中充分发挥其能力，为社会的发展做出相应的贡献。

（二）中国化的发展

在对马克思的主张进行系统的研究分析之后，我国的领导人便将其引入了我国的教育界中，其思想的传播主要体现在我国历代领导人的思想上。

1. 毛泽东的思想

在毛泽东的思想中，将马克思关于人的发展的全面性的理论得到了展现，但是在一些细节上有所改变。比如毛泽东将发展的内容进行了细致的分类，主要分为两个部分：一部分是体力的充分发展；另一部分是智力的充分发展，也就是与我们现在经常说的体力劳动、脑力劳动是一样的道理。具体来说，毛泽东的这种思想主要涉及人本身所具有的一些才能和后天培养的教育道德水平等相关因素。

随着时间的推移，毛泽东的这种发展理念也随之发生了一些变化，在前面的基础上又将人的发展理论得以丰富，在之前的主张中只是涉及智力与体力这两个方面，而在 20 世纪 50 年代末时，毛泽东将思想渗透到德育方面，后来又将教育与中国的政治紧密联系在一起，使得教育推动了社会主义的建设，在为社会主义建设输送人才的同时，发展壮大了我国的教育事业。

2. 邓小平的思想

邓小平的思想是综合了马克思主义与毛泽东思想之后的产物，在前面两位伟人的基础上，邓小平将人的发展理论再一次得到了延伸，并使其得到了升华。

邓小平提出“科学技术是第一生产力”的论断，这其实也是邓小平思想的核心所在。在我国发展的进程中，邓小平意识到了科学技术在国家发展中的重要性，科学技术所带来的生产力的变化是巨大的，因此才决定致力于科技的发展，体现在人的发展上就是要培养创新人才，培养具有科技能力的人才。

另外，邓小平将毛泽东思想中提倡的一些之前没有实现的更为详细的事宜具体化并予以实施，扩充了毛泽东思想，同时还将毛泽东思想中的精华予以呈现。

二、传统文化思想的影响

这里所说的传统文化，主要是指儒家学说，因为长时间以来，中国传统文化的主流都受到儒家文化思想的影响。

（一）教育管理方式角度

从教育与管理的方式方法层面来看，倡导“学、思、行”相结合，注重人的可塑性，主张因材施教。这里我们所说的因材施教大家应该都非常清楚，在一段时间之内，因材施教的观点是非常被推崇的，在这种主张下，我们能够根据不同学生的不同特点，按照他们的接受能力来进行一对一的教学，这样不仅能够提升教学效率，同时还能够让学生在最短的时间内学习到更多的内容。孔子认为，学、思、行三者应紧密结合起来。“学”是我们获得知识的最根本也是唯一的途径，通过学习我们才能够将自己身上所具有的天赋发挥到最大；所谓“思”就是在我们学习一段时间之后静下心来对这一时间段内所学习到的知识进行反思，回想一下我们在这个过程中都学到了什么，怎么才能将这些所学到的知识应用到实践中；“行”也就是我们所说的实践，说再多、学习再多也都是纸上的知识，不通过实践加以应用，那就是纸上谈兵，对我们自身的提高没有任何帮助。另外，除了这三点之外，我们还要在学习的过程中做到“三多”，首先就是“多听”，为什么我们有两只耳朵一个嘴巴，就是让我们在学习的过程中多用耳朵听，一只耳朵不够用，就用两只耳朵，而嘴巴只有一个，该说的时候多说，不该说的时候就好好听；其次就是“多看”，多看一些书籍，多看一些与我们所学习的知识相关的内容，对我们在学习过程中提高自己的能力有很大的帮助；最后就是“多问”，也就是上文中我们所说的“该说的时候”，遇到了不明白的地方我们就要多问，孔子曾经说过“不耻下问”，我们要做一个勇于发问的学生，这样我们才能在学习的过程中以最快的速度成长。

将上述我们所说的这些内容全部结合起来，之后在实践中加以应用，这才是真正做到了“学以致用”，从学习到获得再到实践的过程，这同时也是人们认识事物、学习事物、应用事物的过程。

同时，儒家强调通过谈话与个别观察了解学生的特点，分析学生间的个别差异，在此基础上实施因材施教。这些反映在高校学生事务管理中，就是强调通过深入细致的教育引导工作，帮助学生树立正确的观念，在教育方法上强调循循善诱、以情感人，强调教育是一种引导和疏导的过程，追求循序渐进的功效。

（二）社会心理学角度

一种伦理型文化，倡导的是一种“儒家关系主义”背景下的“德治”。孔子曾说：“为政以德，譬如北辰，居其所而众星共之。”又说：“道之以政，齐之以刑，民免而无耻；道之以德，齐之以礼，有耻且格。”中国儒家文化的一个重要传统就是“德治”，从根本上就是追寻以德治主义为理想的修己安人的管理模式。“德治”的管理思想是东方文化的产物，它是中华民族在长期改造自然、社会和自我发展的过程中积淀而成的价值道德和思维定式，德治主义是儒家管理思想的核心。其“德治”包含两方面的意义：一是管理者本身必须具备仁心善性，是可建立仁政王道的政治思想；二是以道德作为管理力量的来源，规范组织成员的根据在于道德。前者是治人者必须有德，后者是以德治人。其德治论以性善论为根基。“道之以德，齐之以礼”的德治，代表一种“自律”。自律的养成，依赖于教育的成功。

中国儒家文化的这一重要“德治”传统经过几千年的经验积累，其体系之完善、手段之多样，是十分罕见的，其深厚的历史积淀和强大的穿透力使它对今日人们之影响依然根深蒂固。因此，从文化根基来看，我国高校学生事务管理注重“德治”具有独特深厚的文化基础与丰富的精神内涵。

第三节　高校学生事务管理的指导思想

一、发展性观念

发展性的高校学生事务管理观是发展性观点在高校学生事务管理工作中的体现，这是一种促进个体的全面发展与个性化成长以及以高度适应社会需要为目的，以发展性为着眼点，以可持续发展为终极目标的管理思想和信念体系。发展性的高校学生事务管理观体现了以人为本的理念，体现的是高校学生事务管理新的价值追求和逻辑建构，代表了高校大学生管理工作新的发展方向。发展性的高校学生事务管理观着眼于大学生的全面、可持续发展，强调大学生不仅要获得知识的增长，更要获得能力、技能和综合素质的提升。同时，我们必须看到，大学生综合素质的全面提升绝不是一蹴而就的事情，而是经过长期的努力实现的。在地方高校转型发展的过程中，发展性的高校学生事务管理更要以帮助大学生获取基本技能为基础，以增加就业竞争能力为重点，以实现较高质量的就业为判断标准。此外，高校学生事务管理还应引领大学生超越对基本技能的功利性需要，更加关注自身人文素养的培养，提高自己的生活品位和人生境界。发展性的高校学生事务管理观是新时期高校学生事务管理工作的重要内容，是人们在尊重教育规律和管理规律基础上对高校学生事务管理的新认识，也是高校在开展学生事务管理工作时必须要遵循的一个指导思想。

高校在开展学生事务管理时要坚持发展性的高校学生事务管理观，能否收到预期的管理效果，关键取决于高校学生事务管理工作者的素质、发展性管理策略的运用、大学生成长发展的动力等。对高校学生事务管理者而言，重要的是以方法促实效，做到因人而异，促进大学生的发展。发展性的高校学生事务管理还要有利于工作持续性开展的长效机制的建立，构建的关键工作还在于以“优化”大学生的发展目标为重点，在大学生中构建起发展成效的反馈机制。发展性的高校学生事务管理观，还强调要帮助大学生树立起发展性的应变意识、规划意识及创新意识等，建构起共生、多元、可持续、协作的实践运行机制，达到知识、技能、能力和素质的多方面提升和突破，培养具有健全品格的大学生，使之成为更适应经济社会发展需要的人才。

二、以生为本的观念

这里所说的以生为本，就是在开展高校学生事务管理时，必须将学生作为管理的核心与动力。这不仅肯定了学生在高校学生事务管理中的主体地位，而且强调了高校学生事务管理者在开展工作时，必须尊重学生、依靠学生、服务学生。当然，高校学生事务管理强调以生为本，并不意味着否定高校学生事务管理者的地位与作用，也不意味着要对学生放任自流，而是要将尊重学生与严格要求学生紧密结合。这不仅能促进学生的身心健康发展，而且能为国家培养出更多符合社会需求的人才。高校学生事务管理要实现以生为本，就要特别注意以下几个方面。

第一，高校学生事务管理者要从大学生的实际出发，了解学生、尊重学生、理解学生和信任学生，并在此基础上加强对学生的教育、指导、管理和服务，为学生的健康成长和全面发展创造条件。

第二，高校学生事务管理者要切实尊重大学生的主体地位。当代大学生从年龄结构上看大都处于 20 岁左右，其思维能力、知识水平和生理、心理的发育状态已具备了自我管理的可能，但这种可能只有通过有意识地培养和引导才能成为现实。其中的途径和方式很多，比如高校学生社团就是能较好地培养学生自我管理能力的一个组织。健康向上的社团文化，对于活跃校园文化生活、促进学生健康成才具有积极而重要的作用。有效地利用学生社团的影响力，不但能增强大学生参与管理、参与竞争的意识，也为大学生自我管理提供了实践的舞台，对发挥大学生主体意识有积极的推动作用。

第三，我国高校要实现以生为本，就必须不断健全和完善我国高校学生事务管理的制度体系。这就要求高校一方面要注重与学生间平等双向的交流，明确规定并创造条件让学生行使正当的自主权利；另一方面要依据国家法律制定更为切实可行的学生事务管理制度，使学生事务管理工作不断制度化、规范化，并且具有较高的透明度和严格的程序。

三、文化化人的观念

通过文化的影响和作用不断使人们之间以及人们与外部环境之间正在进行的互动关系发生变化，从而使个体的精神得到提升，这便是文化化人。这一观念要求高校在开展学生事务管理实践时，管理者必须平衡和协调好服务学生的目标与满足学生兴趣、需求的动态关系，将高校的价值观以个性化和专业化的方式加以阐释并使学生认可，从而达成文化化人的目的。为此，高校学生事务管理者要特别注意以下几个方面。

第一，高校学生事务管理者只有具备超群的文化竞争力，才能在计划、协调、监督和决策过程中遵守并创新现有的文化。这就需要高校学生事务管理者全面深入地了解校园文化，利用校园文化营造学生、教师、管理者及其他人员之间的友好合作关系，以提高学生事务管理的效度，引导学生走向成功。从这个意义上讲，学生事务管理者应能够不断地监控校园环境并能自如地打破不同群体间的文化界限，通过使用不同亚文化的语言和行为来促进高校完成以学生发展为核心的神圣使命，从而为整个高校发展服务。

第二，高校学生事务管理者必须对所在高校有整体社会化的认识，并熟悉这里成文或不成文的行为规范和价值观。

第三，高校学生事务管理者要在承认并尊重高校内部各群体的文化差异性的基础上，发现并整合高校内部各群体文化的共性，做到共性和个性的辩证统一、和谐发展。

四、整体性的理念

高校学生事务管理是一个有机联系的整体，学生成长的各阶段、学校管理的各方面、学生事务的各因素是密不可分的，具有整体的性质。大学生是整体性的存在，学生事务也只有坚持整体观念和整体性管理，才能真正体现以学生为本。高校在开展学生事务管理工作时，要切实遵循整体性的理念，应特别注意以下几个方面。

第一，要坚信大学生的事务于高校而言是不可或缺的。虽然大学生事务通常是指非学术事务，但在处理大学生事务时，必须与大学生的学术事务联系起来思考，甚至将大学生的学术事务视为重要的事务。这里关键不是由谁去做这些工作，而是要在工作中打破高校学生事务管理工作与学生学术管理各自为政、条块分割的状态，把学术事务的管理和非学术事务的管理结合起来。

第二，要充分重视大学生利益的整体性。大学生利益的整体性既包括学生的物质利益，也包括学生的精神利益。高校学生事务管理应以大学生的利益实现、维护和发展为根本。在这个过程中，还需坚持科学和人文精神的有机统一，并自觉地贯穿于管理的每一个环节。

第三，要在高校学生事务管理中对大学生进行整体性理解。具体就是要用联系的观点看待、理解大学生，既要看到大学生的现在，也要看到大学生的过去和未来。了解一个大学生的过去，就是了解这个大学生过去的成长环境、家庭状况、父母状况、经济状况、社会实践情况、个人的学习表现、知识结构等，评析其对现状的影响及可能产生的影响。了解一个大学生的未来，就是了解这个大学生未来的理想、愿望，尤其是职业理想。了解一个大学生的现在，就是了解这个大学生现在的思想观念、价值观、学习状况、生活水平、社会实践等。需要特别强调的是，一个人的现实状况是多方面因素综合作用的结果。一个大学生的现实状况是无数隐蔽在这个大学生背后的现实性关联所造成的，这是必须坚持“整体性”的根源所在。

五、个性化的理念

当前，社会对大学生的素质和能力的需求越来越多元化。在这一情况下，高校在学生事务管理中必须突出“个性化”的理念。这并不是对高校学生事务管理“整体性”的否定，而是对高校学生事务管理研究与认识的深化。高校在发展中的总体目标是培养社会需要的各类人才。高校在坚持自身人才培养特色的基础上，要努力主动适应并满足不同大学生的不同需求。以美国高校当前的学生事务管理为例，其注重个性化的培养已得到了较大的发展，如对学生做出不同种族、不同性别、不同年龄、不同成长背景、不同国籍、不同民族、不同资质、不同健康程度等区分，并据此为其提供不同的服务与管理；针对退伍军人、走读生、残疾生等进行个性化的服务与管理。仅就服务项目而言，就可以细分为食宿、健康管理、体育运动、娱乐活动、学业规划、宗教事务、个人咨询、学生活动（中心）、职业生涯规划、就业指导、经济资助、新生入学、学术咨询、毕业帮助等内容。我国的高校学生事务管理工作的内容极其丰富，但规范化的细分明显不够，在有效推出满足大学生发展需要的各项服务和针对不同大学生需要的个别化、个性化服务项目方面明显不足。地方高校在转型发展阶段，必须围绕学生发展的目标，努力增强为大学生服务的意识，为学生提供更多个性化服务，培养更多具有“个性化”特征的优秀人才。

六、信息化的理念

当前，人类已经进入了以“大数据”为特征的信息时代，知识存在的形态和传播方式正发生着巨大的变化。高校学生事务管理必须要充分利用网络、大数据等信息技术来提高高校学生事务管理水平。坚持“信息化”的理念，就是要以网络信息交流的开放性、快速性和广泛性来提高高校学生事务管理的效率，实现与大学生更加及时、畅通的沟通，增强高校学生事务管理的实效。高校学生事务管理要切实坚持信息化的理念，需要做好以下两方面的工作。

第一，要充分意识到信息化教育途径给传统教育活动带来的影响。信息化教育作为一种新兴的教育模式，其核心是通过帮助个体的学习来促进个性的发展。信息化教育使教育的过程变成了间接的曲线形运动，成为通过网络手段实现的复杂的不可预测的心理——社会反应。这就使在传统的课堂教学活动中，由教育者和受教育者之间形成的“教育空场”不复存在。教师“教书育人”的实现过程发现了极大变化，教育管理活动变得越来越复杂，这对高校的学生事务管理部门和高校学生事务管理者提出了更大的挑战。

第二，要在高校学生事务管理中全面推进信息化。网络使高校学生事务管理由以往面对面的交流逐渐变成网络上“点对点”的交流，见面显得不那么重要了。多数高校广泛使用的“一卡通”，使得财务收费系统、图书馆、食堂以及宿舍管理都实现了信息化，学生的注册、学籍变动申请、选课、转专业、贷款、证明等事务逐渐电子化。基于信息化的高校学生事务管理也增强了大学生的自主性，大学生可以通过网络系统来查询、管理自己的基本信息，有效地提高了大学生的自我管理能力，而这恰恰也是新时期高校学生事务管理的发展方向。因此，必须在高校学生事务管理中大力推进信息化建设。

第三章　高校学生管理理念

随着当今国际形势的深刻变化和改革开放的不断深入，高校学生教育管理工作既具有有利条件，也面临严峻挑战。面对新情况和新问题，需要高校管理者重新思考高校自身所处的社会环境变迁，正确认识全球化、网络化、数字化、信息化给学生工作带来的冲击，积极探索新环境、新情况下学生管理工作的新思路、新理念，为大学生的学习、生活提供最大可能的指导和帮助，使他们能够健康成长成才。

教育管理理念是高校育人工作的核心因素，是统领学校育人工作的灵魂，对于其他因素具有显著的整体制约性和指导性。在对大学生心理健康影响因素的研究中，我们发现大学生心理健康因素受到学校教育的影响。从当前大学生心理健康现状以及对其影响因素的综合分析来看，要促进大学生心理健康水平的提升，高校的大学生教育管理理念必须进行革新。从整个高等教育领域发展来看，我国高校正在从扩张办学规模向提升人才培养质量的道路迈进，正在经历由只专注学生知识技能的培养向更加重视学生心理潜能的开发转变，要完成这样的转变，必须从总体教育管理理念的革新开始。

第一节　高校学生管理的理论基础

一、古典管理理论

古典管理理论是指 19 世纪末 20 世纪初在西方一些国家形成的系统的管理理论。

19 世纪末 20 世纪初，科学技术水平和生产社会化程度有了很大提高，尤其是资本主义经济由自由竞争进入垄断阶段，企业规模扩大，管理工作日益复杂，劳资矛盾进一步加剧，经济危机频频爆发。这一切表明，资本家原来那种家长式的行政管理和单凭经验办事的管理方法已不能适应生产发展的需要。在这种背景下，资本主义国家的一些企业管理人员、工程技术人员开始进行各种实验研究，总结管理经验，探求提高劳动生产率的新的管理方法。其主要代表是泰勒的科学管理理论。

美国管理学家泰勒（F.W.Taylor）是科学管理理论的创始人，在资本主义管理学史上被称为“科学管理之父”。他本来是一个工人，后来当过工长、绘图员、技术员和工程师，最后当上了总工程师和管理顾问。他一生还有许多发明和技术革新成果，获技术专利 100

多项。他在总结前人研究成果的基础上，通过管理方面的许多重要的试验研究，如“搬运生铁块试验”“铲铁砂和煤块试验”“金属切削试验”等，提出了他的科学管理理论。他的主要著作有《计件工资制》《工场管理》《科学管理原理》。

泰勒科学管理理论的主要思想可以概括为以下几点。

第一，科学管理的目的和中心问题是提高劳动生产率。泰勒认为，最高的劳动生产率是工厂主和工人共同达到繁荣的基础。它能使工人关心的较高的工资和工厂主关心的较低的劳动成本结合起来，从而使工厂主得到较多的利润，工人得到较高的工资，进而提高他们对扩大再生产的兴趣，促进生产的发展，达到工厂主和工人的共同富裕。

第二，科学管理的精华是要求管理人员和工人双方实行重大的精神革命。精神革命就是工人和工厂主之间不要对立，不要把注意力放在盈余的分配上，而应转向增加盈余的数量，在科学管理的基础上实现劳资双方彼此合作，共同致力于增加生产，提高效率。

第三，实行标准化原理。标准化原理即通过对工人的每一个动作和每一道工序的分析研究，确定标准的操作方法，以代替过去工人单凭经验的操作方法。与此同时，实行操作所需要的工具和环境应标准化，并根据标准化的操作方法和环境的标准化，确定工人一天必须完成的标准的劳动定额。

第四，为了鼓励工人打破劳动定额，实行刺激性的差别计件工资制度。

第五，科学地选择“第一流的工人”，并用科学的操作方法来训练他们，使他们真正按科学的规律去操作。

第六，把计划职能和执行职能分开，使工人和管理部门分别执行不同的职能。

第七，实行职能组织制，将管理工作予以细分，使所有的管理者只承担一两种管理职能。

第八，实行例外原理。泰勒提出高层主管人员为了减轻处理纷繁事务的负担，应把处理一般日常事务的权力授予下级管理人员，高层主管人员只保留对例外事项（重要事项）的决策和监督权。

泰勒的管理理论有许多弊端，所谓科学管理实际上是加强对劳动控制的手段，它使工人的意识和行动分离，丧失工作过程中的自主权，成为管理部门的活的生产工具。所谓“高效率”是以工人极度紧张的劳动为代价的。然而，这毕竟是人类管理活动史上的一次变革，它反映了当时大机器工业生产中的某些客观规律，对以后的管理实践和理论的发展有重要影响。正如列宁所说的，泰勒的管理理论“一方面是资产阶级剥削的最巧妙的残酷手段”“另一方面是一系列最丰富的科学成就”。

二、人际关系——行为科学管理理论

从 20 世纪 20 年代开始，资本主义经济发展进入一个新的时期，科学的进步、技术的发展使生产规模不断扩大，新技术成就广泛应用于工业部门，资本主义生产越来越机械化、自动化，它不仅对生产者水平的要求越来越高，而且使生产者的“异化”程度越来越严重，人成了机器的附属品。如何使人摆脱机器的奴役，变被动劳动为积极劳动，成为新的研究课题。另外，由于工人阶级觉悟的提高，他们越来越要求经济上、政治上的民主权利，劳资矛盾进一步加剧。为了改善劳资矛盾，维护资本主义社会的稳定，西方学者开始重视对人以及人与人的关系的研究。

（一）人际关系理论

人际关系学说的创始人是美国哈佛大学教授梅奥（G.E.Mayo，1880—1949）。他出生在澳大利亚，早年学医，后学习心理学，曾在昆士兰大学讲授伦理学、哲学、逻辑学。他于1922年执教于美国宾夕法尼亚大学金融商学院，1926年应聘哈佛大学工作。他的著作主要有《工业文明的人类问题》（1933）、《工业文明的社会问题》（1945）。

从1924年起，梅奥负责指导美国西屋电气公司霍桑工厂的试验研究。他们通过车间照明对生产效率影响的各种试验、工作时间和其他条件（如休息间隔、工间茶点）变化对生产效率影响的各种试验以及与全厂工人的谈话和对有关社会组织的试验分析，提出了他的人际关系学说，其基本观点有如下内容。

梅奥反对以往的管理理论中把人看作“经济人”的观点，认为人不单是追求金钱收入的，还有社会、心理方面的需要。人的思想行为更多地由感情来引导。因此，工资报酬、工作条件并不是影响劳动率的唯一因素，不能单纯地从技术、物质条件着眼，而应从社会、心理方面来鼓励工人提高生产率。

正式组织中存在着非正式组织，这两者相互依存，共同影响着劳动生产率。

正式组织就是具有一定的目标，并由规章、制度、方针、政策等规定企业中各个成员之间相互关系和职责范围的一定的组织体系。非正式组织就是组织内部的成员在共同的工作过程中，由于共同的爱好、共同的倾向等共同的社会情感而形成的非正式团体。这些团体有自然形成的规范，其成员约定俗成地自觉服从。

梅奥认为，非正式组织可以保护工人免受内部成员忽视和外部人员干涉所造成的损失。非正式组织涉及每个人，不仅工人中有非正式组织，管理人员、技术人员中也有。

管理人员既要强化正式组织，又不能忽视非正式组织的作用。新型的领导能力在于提高工人的满足度，从而提高劳动生产率。

梅奥从“社会人”“非正式组织”的观点出发，认为金钱、经济刺激对提高劳动生产率只起第二位的作用，起重要作用的是工人的情绪和态度，即士气。而士气同人的满足度有关。职工的满足度主要是指对为获取安全的、归属的感觉等。工人的满足度越高士气越高，生产效率越高。他认为，在传统管理理论基础上形成的领导能力只重视物质、技术因素，不能适应工人社会需求方面的满足。新型的领导能力既要重视技术因素，又必须重视生产中的人的因素，关心团体中的人际关系状况，努力提高工人的满足度，最终达到提高生产率的目的。

梅奥的人际关系学说要求管理者按照人的社会特性来改进管理，这不仅是对古典管理理论的重要补充，同时也开辟了西方管理理论发展的一个新领域和新阶段。在实践上，人际关系学说为调动职工积极性提供了新思路和新方法，如重视职工的感情因素，努力为他们创造一种愉快的工作环境，采取民主的领导方式，使下级有建议、参与管理的机会等。

（二）行为科学管理理论

行为科学是运用心理学、社会学、社会人类学等学科理论和自然科学的实验、观察方法，研究人的行为产生的原因和影响行为的因素，以激发人的积极性、创造性的综合性学科。

霍桑试验的成功和梅奥提出的人际关系学说引起了学术界、企业界的极大反响。1949年，在美国芝加哥大学一次跨学科会议上，讨论了是否可以利用现有的科学知识，寻找出人的行为的规律的问题。讨论中，与会者充分肯定了人际关系理论的一系列研究成果，认为在此基础上有可能也有必要建立一门新的综合性学科，经过讨论，最后确定用行为科学这一名称。20世纪50年代以后，行为科学真正发展起来，并受到美国政府的支持。1952年，美国建立了“行为科学高级研究中心”。1956年，美国出版了第一期行为科学杂志。60年代以后又出现了组织行为学的名称，重点研究企业组织中的人的行为问题。现在这门学科已经被广泛应用到各个部门，特别是经济管理部门。有人称行为科学标志着由以物的管理为中心的时代向着以人的管理为中心的时代的转移。行为科学理论也成为管理人员培训的必修课，一些著名大学还设有行为科学系和研究中心。

三、社会系统理论

西方的管理理论，在古典学派和行为学派出现以后，特别是在第二次世界大战以后，又出现了许多学派。这些学派在历史渊源和论述内容上互相联系、互相影响。美国管理学家哈罗德·孔茨曾把这种情况形象地叫作“管理理论的丛林”，认为它是“走向统一的管理理论”的必经过程。至于这些学派的划分，在西方管理学界也是众说纷纭。下面简要介绍一下社会系统管理理论的主要代表人物及其观点。

社会系统管理理论的创始人是美国著名的管理学家和企业家切斯特·巴纳德。他的代表作是1938年出版的《经理人员的职能》一书。在这本著作中，他把各类组织都作为协作的社会系统来研究，提出了一系列不同于传统组织理论的观点。他是继梅奥之后对社会系统研究做出突出贡献的又一位代表人物，他的观点为现代组织理论奠定了基础。他的管理思想对西方管理理论进入现代管理理论阶段起着继往开来、承上启下的作用。

美国当代著名管理学家哈罗德·孔茨把由他开创的管理理论体系称作社会系统学派。他的主要论点为以下几点。

（1）组织是一个社会协作系统，是“两个或两个以上的人，有意识协调的活动和效力的系统”。

组织的差异在于物质和社会的环境、成员的数量和种类、成员向组织提供的贡献等。组织由人组成，而这些人的活动互相协调，因而成为一个系统。一个系统要作为一个整体来对待。系统有各种级别，一个组织内部的各个部门或子系统是低级系统，由许多系统组成的整个社会是一个高级系统。

（2）协作系统包含三个要素。

①“协助意愿”，指的是组织中的每一个人为了能结合在一起而做到自我克制，将个人的行为纳入组织整体的行动体系。

这种协助意愿的大小跟个人为组织做出的牺牲与组织为个人提供的报酬之间有着密切的关系。

②“共同目标”，指的是组织中的人们是在共同目标基础上才进行协作的，个人的目标应当与组织的目标统一起来。

③“信息联系”，指的是组织成员之间只有相互沟通，才能对组织的共同目标有所理解，也才能产生协作的意愿和行为。

组织必须有高效率的信息联系渠道和称职的信息联系人员，以保证信息沟通的效能。

（3）经理是组织中的关键人物，他的主要任务是协调组织和人之间的关系。

经理既要实现组织的目标，又要满足人的感情、欲望和各种需要，实现态度、动机和价值观的变化。经理要充分发挥每个人的才能去实现组织的目标，就必须善于帮助他们克服物质的、生理的、心理和行为习惯的障碍。

（4）经理的权力只有被职工接受的时候才是有效的，因此必须加强彼此间的沟通。

要使职工相信经理提出的要求是全面的、合理的；他提出的要求既符合组织发展的需要，又满足个人的利益，也是自己有可能完成的。

（5）职工是组织的成员，他们要积极地参加组织的活动，并为组织做出贡献；组织要按照他们对组织贡献的大小给予不同的奖励，这种奖励要等于甚至要大于他们对组织的贡献。

（6）非正式组织是不受正式组织管辖的个人联系和相互作用以及有关的人们集团的总和。

四、分层次教育管理理论

分层次教育管理是对教育领域客观存在的分层次现象加以分析研究，并实施优化的管理，使客体得到更有效的发展的一种管理行为。

系统论认为，任何一个整体都是由许多要素为特定目的组合而成的系统，而且系统组成的各要素之间，母系统与子系统之间，不是杂乱无章的、偶然的临时堆积，而是有机的组合，呈现结构化与层次性的特点。层次是“表征系统内部结构不同等级的范畴。任何系统内部都具有不同结构水平的部分，如物体可分为分子、原子、原子核、基本粒子等若干层次……系统内部处于同一结构水平上的诸要素，互相联结成一个层次，而不同的层次则代表不同的结构等级……系统内部的层次是客观存在的，而同一系统内部各层次之间的界限又是相对的……层次作为对结构整体的解，表现着结构的有序性及结构整体所包含的差别性和多样性；而这种差别性和多样性又处在统一的有规律的联系之中，事物的等级性、等级秩序是事物之间普遍差异性的表现。客观事物的某一参数（例如质量、能量、状态、范围）的变化，引起事物存在方式的质的变化，往往就会显示出事物层次性的变化。层次在自然界中普遍存在。从宏观到微观，从无机界到有机界，都可以见到这种层次”。由此可见，层次是相对于系统的，是普遍存在的，是分等级的；层次是会随着某一因素的变化而产生变化的；层次具有可被识别的差异性特征，表现为数量、质量、能量、等级、规模、尺度、范围等的差别。通过对系统中层次的差异性分析，实施由粗而精的分解识别，找到事物的内在联系和规律性，设计出解决问题的最佳方案，从而施以科学有效的干预，促进其朝着预定的方向发展，就能获取最佳的结果。

分层次管理就是在特定的环境条件下，为实现管理的最优化目标，对客体进行合乎目的的精细分层，并根据各层次的特点，设计相应的方法、策略，实施与层次相对应的有效管理，促进管理的有效性和高效率。发现管理对象的差异性，分解和识别层次，设计最优化的解决方案是分层次管理的重要环节。

分层次的教育管理，就是对教育领域“学群”内部客观存在的差异性，依据一定的目的和标准进行合理的层次分解，并运用相应的方法策略对其实施管理，以提高管理的质量和效率的科学方法。

概念中包含以下几个要素。

（1）“学群”内部的差异性。这里的“学群”包括“学科知识群、学生群体、班级群体、教师群体、学校群体”等。由于客观和主观各种因素的影响，“学群”内部的差异性是客观存在的，如果对其实施“一刀切”的管理方法，管理效果肯定不佳，且违背科学和规律。承认差异性，找出差异性，实施有针对性的差别化管理，是实施分层次教育管理的动因所在。

（2）目的和标准。分层次教育管理的根本目的就是使各层次的学生（教师或事业）得到发展，从而实现全体学生（教师或事业）的更好发展。围绕这个目标选择合理的、符合客观事物内部逻辑关系的相应标准，正确地、科学地分解层次，并施以有效的方法，努力促进目标的达成。

（3）分层次实施管理。把握各层次的特点，运用有针对性的方法、策略，实施与层次相对应的有效管理，避免管理错层或错层管理，提高管理的适配性，这是分层次教育管理的本质要求。

五、教育管理的伦理基础

教育管理的伦理基础并不是一个专门的概念，因此，能否精确地用文字概括出其特定的内涵是一个现实难题。从构词法角度来讲，“教育管理的伦理基础”是由“教育管理”和“伦理基础”两个词语组合而成的。两者之间是一种偏正关系，即“教育管理”为偏，“伦理基础”为正。因此，对“伦理基础”的认识是理解“教育管理的伦理基础”内涵的关键所在。那么，“伦理基础”这一概念又应如何理解呢？

关于“伦理基础”这一概念，王本陆教授在《关于教育伦理学研究对象的再探讨》一文中论及“教育的伦理基础”问题时曾阐述道：“教育的伦理基础或伦理本性，是对教育本质的一种伦理追问，是对教育基本伦理预设的审查，是对教育在长期历史发展进程中表现出来的伦理精神的概括。”在此基础上，文章进一步指出：“在教育伦理哲学中，探讨和关注教育伦理基础或伦理本性问题，其焦点和核心在于追问构成教育合理性基础的伦理前提是什么，即教育成为教育而非其他物的伦理基础，它强调的是教育与其他物的比较以及教育的伦理预设。也就是说，教育伦理哲学的提问是从伦理学角度看，教育为什么是可能的，教育意味着什么。”可以看出，王本陆教授在这里将“教育的伦理基础”等同于“教育的伦理性”，并且其侧重的是从伦理性的角度来寻找教育的伦理性质和特征，也就是说，其“实质上是从伦理角度对教育本质进行的分析、把握和规定，是对教育进行伦理划界”。而在我们看来，伦理基础与伦理性是研究相关伦理问题的两个不同的视角，两者虽密切联系，但还是存在着一定的区别。对于两者之间的关系，我们可以具体到教育管理这一领域尝试做一分析，并在此基础上提出我们对教育管理伦理基础的理解。

众所周知，教育管理既是人类社会具体领域的一种实践活动，同时也是人类社会一种特殊的社会伦理文化现象。将教育管理作为一种伦理文化现象来研究，考察教育管理本身具有怎样的伦理性质和特征，这是教育管理的伦理性问题。广义的伦理性就是价值性。亚里士多德把伦理学规定为关于善的问题的研究，而善的问题就是价值问题。广义的伦理性其实就是把道德范畴提升到价值论的高度。据此视角审视教育管理，就需要考察教育管理作为一种教育活动的有效组织方式怎样体现着人的价值和给人带来了何种价值。而“体现人的价值追求则是管理得以存在的价值依据或价值前提”。具体而言，广义的伦理性是教育管理伦理发生的根本前提。显然，笔者在这里所讨论的主要问题并非这种广义的伦理性，否则顺着这一思路去研究教育管理中的伦理问题，无疑会将伦理问题泛化，导致不能集中、典型地揭示出教育管理的伦理性质与特征。确切地说，笔者这里使用的是狭义的伦理性概念，即特指教育管理作为一种伦理演化现象在运作过程中所体现出来的或本身所蕴含的伦理性质和特征。

与伦理性视角不同的是，伦理基础视角则主要是将教育管理视为人类社会具体领域的一种实践活动，考察这种活动需要什么样的伦理价值体系支撑，才能得到有效的运作。换言之，从教育管理的运作基础来看，它需要什么样的伦理价值体系作为其支撑。很显然，这里的“基础”是指伦理作为教育管理在运作过程中的一个要素而言的。我们知道，教育管理作为一种对教育资源进行合理配置、有效利用的协调性活动，欲得到有效运作，离不开相应的条件支撑与配合，有着其不可或缺的诸多要素。教育管理活动的要素涉及事实层面，也涉及价值层面。教育管理活动事实层面的要素是指与教育管理实践活动直接有关的、教育管理活动中所客观存在的那些要素，如教育管理活动中人的要素、资源和管理的要素、过程的要素、环境的要素以及方法和艺术的要素等。教育管理活动价值层面的要素是指人们以自己的价值观对教育管理活动进行认识，并对这些认识进行理论概括所形成的那些管理理念性的要素，主要由教育管理活动的本质、教育管理活动的职能、教育管理活动的效能、教育管理活动的原理、教育管理活动的原则，以及贯穿于上述诸要素之中的对教育管理活动和人自身发展关系的认识所产生的管理理念这一价值因素等范畴组成。

伦理价值体系就属于教育管理活动价值层面的要素，具体而言，就是对教育管理活动和人自身发展关系的认识所产生的一种管理伦理理念。它贯穿于教育管理活动价值层面的各要素之中，在教育管理的协调活动中发挥着重要的支撑作用，深层次、基础性的导向规范着教育管理活动的实际运作。

当然，我们说教育管理的伦理基础与伦理性存在着区别，并不是否认它们之间内在的密切联系。这种联系具体体现为，教育管理伦理基础的确立并非一种主观臆想或者生硬强加的产物，而是有着其赖以存在的理论依据，这种依据就是对教育管理的基本伦理预设，即教育管理本身具有伦理性。正因为教育管理活动在其运作过程中本身就具有伦理性质和特征，所以我们才可能有意识地培植与这些伦理性质和特征相对应的教育管理伦理观，确立相应的伦理规范，以发挥伦理在教育管理活动中的重要支撑作用。建立教育管理伦理观、确立伦理规范的过程，实质上就是探寻教育管理伦理基础的过程。

毫无疑问，当我们用“伦理基础”这一概念去揭示伦理作为一个重要因素在教育管理活动中发挥的作用的时候，使用的是结构的方法和分析的方法，即先把教育管理活动从结构要素上进行划分，显现教育管理活动各构成要素之间的关系，进而揭示出伦理作为一个要素是如何同其他要素结合在一起并发挥自身的作用的。在此基础上，用分析的方法对伦理本身进行结构性分析。由于这种分析是在对教育管理的伦理性有了一定认识的基础上进行的，这样两者之间就有了某种程度的内在关联性。具体而言，伦理性视角是把教育管理作为一种伦理文化现象，其主旨在于通过对教育管理自身的本体论伦理追问，寻找教育管理本身所蕴含的伦理性质和特征。这种伦理特征可以说是人们通过经验得到的，所以它似乎带有描述的性质。当我们沿着这种思路将在教育管理活动中所表现出来的伦理特征和内容进行特征提炼和综合概括时，就形成了教育管理伦理基础的概念，即教育管理作为一种教育活动的有效组织方式所要求的“伦理价值取向模式”或“伦理范型”。这种“伦理价值取向模式”或“伦理范型”并不是作为一个客观对象摆放在那里的，而是我们对教育管理的伦理内容和伦理特征进行概括、总结以及提炼的产物，是使其实现由“自在”到“自为”转化的结果。这个结果不是被描述出来的，而是分析出来的。它并非教育管理某一方面的伦理内容或特征，而是一个有机的伦理价值体系，即由一系列在伦理方面对教育管理活动起主要支撑作用的观念和规范所构成。这种伦理价值体系的实现过程就是教育管理伦理基础展开的过程。这种展开并不是一个孤立的过程，而是与其他教育管理活动的要素有机地结合在一起，并在教育管理的协调过程中实现的。有必要指出的是，伦理基础与伦理性只是研究教育管理伦理问题的两个视角，事实上并不存在独立的伦理基础和伦理性，它们原本是统一的，正如教育管理既是实践活动又是伦理文化现象一样。基于上述分析，可以尝试着给出对教育管理的伦理基础这一概念的理解，即所谓教育管理的伦理基础，是指教育管理作为一种教育活动的有效组织方式所要求的“伦理价值取向模式”或“伦理范型”，这种“伦理价值取向模式”或“伦理范型”乃是在伦理方面对教育管理活动起主要支撑作用的观念和规范所构成的一种伦理价值体系。

第二节　新时期高校学生管理概况

一、新时期高校学生管理工作面临的新情况

（一）全球化意识和社会主义市场经济对高校教育管理工作的影响

全球化意识就是指在世界范围内起作用的正在形成过程中的世界整体意识和全球文明。全球化意识的弥漫和渗透趋势在不断加强。全球化借助于网络技术成为一种现实的运动，并在广度、深度、强度和速度等方面都达到了前所未有的程度。实际上，我们每一个人，不但是某一个国家的公民，而且也是“地球村”的一个村民，即世界公民。地球上任何地方发生的事件和危机，都可以迅速传遍每一个角落。学生的思想也处于一个更加开放的环境，特别是国外敌对势力利用经济、政治、军事优势，加紧对我实施“分化”“西化”图谋，利用各种手段和渠道对青年一代进行思想文化渗透。在这种情况下，如何让青年学生充分吸纳国外优秀文化成果，又能自觉抵制不良思想的侵蚀，是高校管理者应当思考的一个重要问题。

同时，随着社会主义市场经济的深入发展和不断完善，我国社会经济成分、组织形式、就业方式、利益关系和分配方式日益多样化，大学生思想活动独立性、选择性、差异性日益增强，这也使学生管理体制面临新考验。

（二）信息与网络时代对高校教育管理工作的冲击

卫星通信、数字化、多媒体和计算机网络等技术的发展，对高校产生了巨大的影响，校园的网络化、信息化、智能化、个性化特色，真正突破了传统的教室和校园围墙的界限，

使知识的创新、传播、转化和应用的速度变得空前快捷。网络已经促成了一所所没有围墙的大学的诞生。信息化、数字化、个性化的社会环境为学生提供了无穷无尽的生活空间，他们获取知识和信息的渠道比以前多得多，获取信息、传递信息的手段比以前更先进、更快捷。由于外部世界的多样化，再加上学生缺乏辨别是非、认清善恶的能力，最终导致学生对传统文化认同度降低。这对高校的学生管理思想、管理体制和管理方法造成了巨大的冲击。

二、新时期高校学生管理工作的新思路

（一）树立“以学生发展为本”的教育价值观

教育价值观既体现为学校教育的价值取向和追求，也体现为人们评判学校教育价值有无、高低和大小的重要指标。高校的教育价值观表达了高校教育活动的最高价值追求，它决定着高校育人工作的核心价值行为，当前高校育人工作存在的许多问题的核心就是其教育价值观问题，其中也包括大学生心理健康问题。面对大学生心理发展和素质提升的现实需求，高校必须树立“以学生发展为本”的教育价值观，以促进其大学生教育管理工作。在这里，“以学生发展为本”的教育价值观应包含三个含义。

1. 学生的“人的价值”是高等教育价值的中心

理论上人的价值具有个人和社会两个不同属性，在现实中如果人的价值是由他所创造的社会价值所决定的，那么他全面自由发展的水平决定着他创造活动的水平，进而决定着他所创造的社会价值。从这一视角出发，大学生的自我价值同其创造的社会价值应该是统一的，这也就是大学生个体作为目的和作为手段的统一。因此，片面强调大学生个体的价值就是对他人、对社会的贡献，忽视其个人发展的需要甚至否认个人的价值主体地位的教育价值观，就是没有领悟到人的自我价值与社会价值的辩证联系，必然导致高等教育中学生的主体地位被抹杀，使高等教育成为“无人”的教育，更别说大学生培育了。在当前高等教育领域，许多高校仅仅是把“以人为本”的理念停留在口头上，还没有真正深入头脑，成为行动。面对各种指标和短期效益，这一理念往往被抛到脑后，这也是导致大学生心理问题的根源，因此，无论从哪个方面来说，高校教育活动的价值都必须以学生的个体发展为中心，也就是以学生的“人的价值”为中心，这是高校培育大学生的前提和基础，脱离了这个中心，高等教育活动的社会价值以及经济价值、文化价值等也不可能得到有效实现。

2. 高校教育价值的提升来自学生价值的提升

人通过接受教育获得生活技能和智慧，精神世界得到进一步丰富和发展，从而使人的生活更加有意义。教育对人发展的决定性作用表明教育活动就是为人的发展和创造活动开展和设计的，教育中的所有因素的价值都是在提升人的价值过程中得以显现的。因此，可以说满足大学生身心发展的需要是高校教育价值的主要体现。在现实中，文化传承、服务

社会、科技创新固然体现着高等教育的价值，但是对于教育价值的整体考量，学生价值的提升才是彰显教育价值的根本，因为人的价值是创造其他价值的基础，所以如果没有学生的全面发展，没有学生素质的提升，教师发表再多的论文、产出再多的科技成果，都体现不出教育的根本价值，是本末倒置的价值考量，也是违背教育伦理原则的价值取向。

3. 促进个体和谐发展是高校提升学生“人的价值”的根本前提

高等教育的基本功能就是提升人的价值，即提升大学生个体的人格价值和社会价值。在高等教育提升人的价值的过程中，只有首先使其个人潜能和素质得到充分发展，才有可能实现其价值的更大提升，从这个意义上说，促进大学生个人的全面发展，是提高其个人价值的根本前提。从教育学意义上理解，大学生的全面发展是指其基本素质的全面发展。正如德国心理学家爱德华·斯普朗格所说：“一个真正受了教育的人，不单体会到学识，并能了解经济利益的意义，欣赏美的事物，又肯为社会服务，进而对生存的意义也能彻底体会。”这正是新时期对大学生全面和谐发展的基本要求，也是大学生心理素质发展和提升的内在需求。可见，只有大学生具有了完整人格才能发挥更好的影响力，只有个体的社会价值得到充分展现，大学生才能更加自信、乐观，才能具有发展动力和更强的意志力。

（二）树立正确的高等教育伦理实践效益观

高等教育存在的价值合理性就在于能够依据人的成长发展需要和社会发展客观规律，开展有目的的、自觉的和能动的教育活动，实现其承载的促进人的全面自由发展和为社会发展培育高素质创新人才的功能。高校教育只有在两者之间找到一个相互协调的平衡点，才能很好地完成这两项基本功能，这是高校教育伦理实践效益的基本标准和要求，也是保障高校有效开展大学生管理培育工作的前提条件。

1. 高等教育伦理实践应体现出个体层面的价值功能

高等教育伦理作为一种道德行为规范，起着调节教育活动中教育主体之间关系的作用，它规定着教育主体应该做什么和怎么做，引导教育主体行为以“善”为价值取向，从而推进受教育主体的全面发展。高等教育伦理作为一种特定领域教育活动的内在善恶规范，对于受教育者应当如何发展、成长为什么样的人，在实施教育行为之前，已经预设好了预期结果和路径，并据此结果和路径组织教育实践，使受教育者在教育实践的影响下形成具有鲜明自我特征的个性品质，并按照预期路径实现个人的自由全面发展，最终成为人性得到全面诠释的真正的人。此外，高等教育伦理作为高等教育主体把握教育实践活动内在本质的特殊方式，还反映着主体行为的价值意识，引导着主体对现实高等教育实践活动的价值选择，对主体的人格完善和发展具有促进作用。

2. 高等教育伦理实践应体现出社会层面的价值功能

高等教育伦理作为社会伦理系统的一个组成部分，在对象和内容上包含了社会的各个层次和方面，主要是通过受教育的人对社会产生间接导向作用。高等教育的基本功能是培养高素质创新人才，通过培养人才为社会生产服务、为经济发展服务、为政治活动服务、为文化传承服务等，实现高等教育的经济价值、政治价值和文化价值，即社会价值，因此，高等教育伦理的社会价值也要最终通过其培养的人去实现，并体现为一种社会功能。高等教育伦理作为调节教育主体教育活动的道德规范和价值精神，其实现自身社会功能的基本路径就是通过优化教育发展和提高受教育者的整体素质和能力，促进社会现代文明的发展。从一定意义上讲，高等教育伦理这一社会功能具有一种特殊的人力资本价值，不但对社会的政治、经济和文化发展发挥着积极作用，而且对个体的自我效能、希望等品质的发展也起着特殊的作用。

高等教育伦理的个体功能和社会功能是不可分割的两个方面，高等教育伦理实践的理想效益就是通过高校教育活动使其具有的个体功能和社会功能达到统一，促进两个功能和谐发展。

（三）凝练全方位育人的学校育人观

高校教育过程中包含着很多影响大学生心理问题的因素，如师生互动过程中的人际支持、成就动机的激发、教师个人魅力和教育管理主体素质的影响以及学校制度文化和环境文化的熏陶等，这些因素都会对学生心理活动产生潜在影响。因此，树立全方位育人管理思想对大学生培育管理具有积极作用。目前，多数高校的管理者都认识到了全方位育人的重要作用，但是在如何实现全方位育人，如何通过系统的全方位育人方案提升大学生心理健康和整体素质水平方面还没有一套成形的思路或做法。基于此，高校有必要进一步凝练和明确全方位育人的育人观，使学校管理架构中的每一个方面都充分发挥自身优势，形成合力，进而促进大学生整体素质的有效提升。

1.“全方位”要体现在一个立体的、系统的整体上

高校教育过程中包含的影响大学生心理健康的外在因素是多方面的，既有教育者的主体作用，也包含着环境因素。教育主体内涵非常丰富，从广义上讲，教育主体不仅包括教师、后勤人员、管理人员，也包括大学生自身和家长等，但是从直接发挥作用的主体看，主要体现在辅导员、教师、学生群体和家长等几方面。环境因素是影响大学生心理发展的重要外部因素，主要包括非物质环境和物质环境。在这里，环境的创造离不开教育主体的作用，不同的教育主体发挥着不同的作用，使大学生的外在影响因素充满了复杂性、联动性和特殊性，这就构成了与大学生个体内在因素相互作用的一个外在的立体的整体系统。在这个动态的整体系统中，每个影响因素在不同时期、不同事件中的作用又不同，它们之间互相促进或者互相抑制。因此，全方位育人就是要充分发挥各要素的整体性、联动性和积极性，发挥影响因素的立体作用，不能将各要素割裂开来单独审视，期望其独立发挥作用。

2.“全方位”还体现在教育主体影响作用的多面性、复杂性上

在高校育人过程中，影响大学生心理问题的因素来自方方面面。同时，就每一个因素

来讲，它的作用又体现在多个方面，这些作用有可能是互相促进的，也有可能是互相抑制的，并且每一个作用的影响力大小也不尽相同。例如，教师既可以通过良好的师生关系为学生日常生活提供积极的人际支持，进而对学生人格发展产生积极影响；也可以充分发挥自己的才华，在教学活动中充分展示自己的人格魅力感染和影响学生；还可以精心设计教学过程和教学内容，通过教学过程的实施和教学内容的展现影响学生；等等。我们通过调查发现，在每个教育主体的作用中，人际支持作用对心理问题影响作用最重要，主要包括家长的人际支持、教师的人际支持、同学的人际支持等。因此，全方位育人不仅要体现在育人主体的丰富性、系统性上，还要体现在每一个育人主体作用的多面性、复杂性上，全方位育人要切实考虑到每一个教育主体的育人优势，充分发挥其优势作用。

3.“全方位”还体现着校园文化作用的立体化

从高校育人过程的宏观角度来看，校园文化作用是全方位育人工作的一个方面，它与各个教育主体互相联动。但是就校园文化自身来看，它又是一个由各种因素构成的立体网络结构，既包含意识形态的内容，也包含物质的一面，如校园制度文化、学术氛围、社团文化、校园环境等。这些结构相互作用、相互影响，构成了一个整体，在育人过程中发挥着整体作用。在意识形态方面，有的通过各项制度体现，有的通过行为活动体现，还有的通过校园历史的积淀体现；在有形的物质方面，有的通过校园环境体现，有的通过教学设施体现；等等。无论是物质的还是意识形态的，校园文化都通过其特有的方式对大学生的心理活动、思想意识发挥着作用，其作用的大小也会因学生群体自身特点的不同而不同、因作用方式和强度大小的不同而不同。因此，高校校园文化建设既要考虑不同影响因素的作用方式、作用效果，又要考虑不同大学生群体的自身因素。

（四）创新高校生涯教育观

生涯规划能力是大学生应该具备的基本能力，是大学生开展生涯规划的基础，是大学生实现其全面发展的前提条件。高校生涯管理就是为帮助大学生做好生涯规划，培养大学生生涯规划能力而针对个体开展的一系列影响活动，通过一系列的制度、措施引导和帮助大学生规划生涯，提升其生涯规划能力，使之能够有效规划自己的大学生涯，自觉开发自我发展潜能，为其以后的生涯发展奠定能力基础。我国高校大学生生涯教育起步较晚，多数高校的生涯教育偏重于职业指导和职业规划，没有形成中国本土化的高校生涯管理理念。同时我国当前高校生涯管理仍存在许多问题，高校生涯管理工作不能适应大学生生涯发展需要。因此，高校在大学生心理健康培育和提升过程中应创新高校传统生涯教育观念，树立生涯管理意识，强化学校生涯管理工作。

1. 高校生涯管理的主要任务是培养大学生的生涯规划能力

高校生涯管理是指高校为实现高等教育的人才培养目标，满足大学生个体全面发展的实际需求，对大学生在校阶段的生涯发展实施的管理和辅导工作，其主要任务是培养大学生的生涯规划能力，具体来讲，包括以下方面：一是培养大学生生涯探索能力和自我经营能力，使学生正确认识自我、了解自我、接纳自我，具有强烈的生涯发展需求，能够清醒地面对未来的职业发展，了解相关职业领域的发展需求和现状，努力充实专业知识，提升职业技能，积极探索自己潜能发挥的有效途径，等等；二是培养大学生生涯决策能力，使学生在生涯发展的一系列决策过程中，知道如何设定生涯目标和及时调整目标，如何确定自己职业发展方向和未来职业范围，在面对抉择情境时，能实事求是看待问题并做出正确决策；三是培养大学生生涯行动及监控能力，使学生在计划执行过程中能够通过有效的时间管理、建立良好的人际关系、积极适应周围环境变化、创造性地解决问题来保证计划实施，及时调整不合理计划以及就自己发展的不足积极提升自己，以适应生涯发展对个体的新要求。

2. 以“生涯管理”基本理念指导学生开展职业生涯规划

从生涯发展角度来看，大学生正处于对未来职业进行探索阶段，只凭个人的经验和能力很难对未来职业生涯进行准确定位，开展合理规划。高校开展生涯规划指导，可以帮助学生进一步正确认识自己的兴趣、职业意向、职业潜能和职业素养等，使其尽早明确职业发展目标和方向，从而及时调整专业知识结构，弥补实践技能的不足，进一步增强职业综合素质和就业竞争力。因此，生涯管理要从观念上消除把职业指导等同于就业安置或提高就业率的误区，充实就业指导工作内涵，转变就业指导工作思路，把就业指导的重心转向学生生涯规划指导，不断激发学生职业规划的意识，引导和帮助学生选择正确的职业生涯发展路径，以实现学生期望的自我社会价值。

3. 高校生涯管理是对学生的教育实践实施的全方位指导

完全意义上的高校生涯管理是以生涯辅导为基础的全方位指导，主要包括与学生的个人发展愿望相结合、与学校的整体教学过程相结合、与国家和市场发展对人才的需求相结合三个方面。大学生涯管理是指培养学生规划能力的教育活动和辅导活动，通过制度建设、计划制订、教育教学活动、师资队伍建设来实现学校影响。例如，学校可以要求专业任课教师将关于学生生涯发展认知、生涯态度等有关内容融入教学内容中，可以要求指导教师将生涯管理有关要素融入社会实践和第二课堂活动过程中，潜移默化地培养学生的生涯规划意识和能力。

4. 重视高校生涯管理的理论研究

近年来，国内高校为了适应社会对高等教育人才培养的需要，推动高校毕业生就业制度改革，纷纷开始了校园生涯管理的探索。但各高校的职业指导工作无论是实践层面还是理论层面，多数是对国外一些经验的复制和套用，还没有真正从个体全面发展的角度开展大学生涯管理，还需要系统开展职业规划辅导和生涯发展管理研究，需要开展高校生涯管理模式、职业心理测试、就业评价体系等理论层面的探索，建立本土化的生涯发展理论体系。只有开展扎实的理论研究，才能为高校生涯管理实践提供依据并指明方向。

（五）树立科学的生命意识教育观

生命意识是人对自己和他人的生命存在价值的一种认知与感悟。具有良好生命意识的人，热爱生命、珍惜生命，善待自己和他人的生命，对生命及生命关系有一个良好认知，能正确认识、理解、把握自己的生命价值，形成个体完善的人格品质。高校生命意识教育的目的就在于使大学生树立良好的生命道德品质，使其能够正确认识和把握自我生命与人类生命同自然环境的关系，促进各种关系和谐融洽，使得自己在追求生命价值最大化的基础上生活得更有意义，更有利于个体全面和谐发展。因此，高校生命意识教育的核心内容应该是积极培育大学生的生命道德。

人的社会属性决定了其在正常生活中时时刻刻都要与自己、他人、社会环境发生各种各样的关系，在这些互动关系中，每一个人都承担着对自己、对他人和对社会的各种责任。在这些责任中，个体对自己、对他人及对人类生命的责任是最基本、最重要的，也是生命道德的基本要求。对生命的责任意识是生命道德的基本内容，生命道德是调整人与自己生命、他人生命、人类生命以及终极理想之间关系的道德。生命道德源于人对生命的关注，是人们对待生命的德行品质，是调节人们有关生命行为的特殊规范的总和。生命道德的意义在于追求生命神圣、生命质量和生命社会价值的和谐统一，是指导个人处理与自己生命、与他人生命、与人类生命以及与精神生命之间关系的行为规范。生命道德是人的生命关系的必然反映，心理健康是人的世界关系的实然反映，回归到人的生活世界，两者在本质上具有统一性，都是为了追求人与自我、人与自然、人与社会以及人与精神信仰的和谐关系。这种“关系性”上的统一性，使生命道德成了影响大学生心理健康的重要因素。积极的生命价值观能够引导大学生面对生活中的困难，摆脱消极心理状态，积极的生命道德行为有助于大学生获得积极情绪体验、社会支持和成就感，良好的生命道德品质有利于解决大学生成长中的发展问题，生命意义感能提升大学生的自我价值感和主观幸福感。因此，积极培育大学生的生命道德能够促进大学生心理健康的培育和提升。

第三节　高校学生行为管理

想要了解一个人的思想状态和精神面貌，观察其行为是最好的方式。对高校学生的行为进行必要的管理和规范，从个体来看，有助于学生养成优质的品德和良好的行为习惯；从学校来看，有利于建设良好的校风、学风；从社会来看，有利于社会的安定与和谐，以及对文明风尚的形成产生正向的促进作用。

一、高校学生行为管理概述

（一）高校学生行为管理的内涵

“行为”一词在《现代汉语词典》中的解释是“受思想支配而表现出来的活动”。从广义上来说，行为指可以观察到的、主体是生物的适应环境的活动；从狭义上来说，行为的主体是人，行为是人内在心理和生理对于外部因素的刺激和影响所产生的外在表现。总结来讲，人的行为是指以先天遗传为基础，经过后天学习呈现出来的活动，这一活动具有主动性，主要是适应环境和改造环境。

行为管理的产生有几个因素，即西方工业化速度加快、社会化大生产的发展、企业的主要劳动力改变、西方国家经济危机和劳资双方冲突加剧。关于行为管理理论，不同学派有着不同的观点。一是以泰勒为代表的古典管理学派，这一学派的观点中将“人”看作“经济人”，没有尊重人的其他要素。二是梅奥的“社会人”理论，这一观点是行为科学的理论基础，重视人的要素。研究方法是依据“需要引起动机，动机支配行为”这一基本原理，以人的心理因素为研究视角，解析人的行为规律。行为管理理论在组织管理中发挥了重要作用，为组织目标的实现和组织效率的提升提供了理论支持。

对高校学生的行为进行管理和引导，是学校教育不可缺少的一部分，原因在于：①学校的本质是教育者为受教育者提供教育活动的公共组织机构，注重的是对人的培养和教育，其中一个重要内容就是促进学生个体的社会化。众多学生在一个公共环境中进行共同的学习和生活，离不开秩序，每个学生个体遵守公共秩序就是一种社会行为。②学生理性培养尚未完善，学生的行为往往会受到欲望、情绪的驱使，面对外界的诱惑和利益没有足够的理性去克制。为了防止学生的行为出现越轨，高校就要重视这方面的教育。③学生的行为道德不稳定，想要让学生正当的行为成为深入骨髓的习惯，除了学生的自制力要强，还需要学校进行正确的导向教育和练习，这样才能使学生形成良好的、稳定的道德品质。

高校学生行为管理是指对高校学生行为过程的规律进行研究和探讨，从而能够对高校学生行为的目的、手段、结果，通过科学的方式进行正确且积极的指导、评价、矫正和控制，帮助学生养成高尚品德和良好行为习惯。对高校学生行为管理进行划分，根据标准的不同，划分的内容也有差别。①根据管理主体划分，高校学生行为管理包括学校管理和学生自主管理；②根据管理内容划分，高校学生行为管理包括但不限于从校级、院级、班级的不同层面对行为管理规范进行不同程度的细化，对行为管理教育的宣传力度和执行做事是否到位，对学生的良好行为习惯是否进行引导以及矫正学生的不良行为；③根据高校学生行为表现划分，高校学生行为管理主要包括学生的学习行为管理、社会实践行为管理、交际行为管理、消费行为管理等。

（二）高校学生行为管理的意义

对高校学生进行有效管理，不仅是学校校风、学风建设的要求，更是对学生的长期发展有着重要影响，学生最终会步入社会，成为社会的重要一分子，因此对高校学生行为进行管理也是社会和谐稳定的需要。

1. 高校学生行为管理是新时期完成学校育人目标的需要

具体来说，高校学生行为管理是对学生的基本行为进行约束及指导，这在高校教育管理中有着不可替代的作用。德国教育家赫尔巴特在《普通教育学》中曾指出："如果不坚强而温和地抓住管理的缰绳，任何功课的教学都是不可能的。"在新时期，高校学生行为管理的方法是将管理和教育结合起来，重视教育活动的整体健康有序和育人氛围的良好形成。因此，对学生的行为是否进行科学有效的管理、管理秩序是否规范，关系着学校育人目标能否实现。要将高校学生行为管理作为高校整体教育工作中的重点内容，在实际工作中有重点、有针对性地落实和推动。

2. 高校学生行为管理对于学生的促进作用

学生在大学这一时期，不管是身体还是心理都会发生翻天覆地的变化。在这一阶段，高校学生对于道德和行为的认知都具有不稳定性，因此高校教育是否进行了正确的引导具有重要的作用。具体来说，想要让学生的良好行为成为习惯需要采取一定的措施，从外在形式上，要运用教育、管理的手段来规范；从内在思想上，要帮助学生树立正确的道德价值观念。学生的行为并不是固定不变的，会不断出现新的特征、新的问题和新的情况，高校学生行为管理机制针对这种情况需要不断地完善和更新。高校学生行为管理的目的是，帮助学生树立对行为举止的正确认识，树立学生自我管理的理性意识，促进学生本身的全面发展和机制的完善。

3. 高校学生行为管理是维护高校、社会稳定的重要保障

高校学生行为管理主要是指对学生的日常行为进行引导和规范，让学生的行为能够符合校园规范和社会道德，进而促进校园环境和社会环境的和谐稳定。在高校层面上，实施有效的高校学生行为管理有利于保障学校秩序的稳定运行以及良性发展，确保人才培养工作的高质量完成。在社会层面上，首先，高校学生是社会群体中的重要组成部分，对高校学生的行为进行管理，帮助其树立正确的道德意识，有利于其对其他社会群体产生好的影响，促进社会风气的建设；其次，高校学生是国家未来的主人翁，高校学生的质量如何对国家的发展有着重要影响。因此，不管是高校还是社会都十分重视高校学生的培养。加强对高校学生行为的管理和引导，对于保障高校秩序乃至社会稳定都具有重要的意义。

二、高校学生学习行为管理

只要是学生，那么首要任务就是学习，因此，高校学生的学习行为也要被重视。加强

对高校学生学习行为的管理和引导，对于学生学习意识的培养、学习方法的确立、学习习惯的养成都有很大的促进作用，同时也可以为学生的未来发展奠定坚实的知识基础。

（一）高校学生学习行为的类型与特点

《现代汉语词典》对“学习”的定义有两种：一是指从阅读、听讲、研究、实践中获得知识或技能；二是指效法。从广义的概念来看，学习是指人和动物依靠原有的经验对自己的行为进行适应环境的神经活动过程，主体包括人和动物。从狭义的概念来看，学习是指人掌握人类社会经验的过程。

高校学习行为是指高校学生作为活动主体，在以获取知识和技能为目的的活动中表现出来的行为。从根本属性上来说，高校学生的学习行为是一个认识自然和社会的过程，是从对自然和社会的盲目性认识到自觉性认识的过程。

1. 高校学生学习行为的基本类型

（1）按学习方式划分

教师引导型：由于每个阶段学生对于学习的需求不一样，所以教师的教育方法也要做出相应的改变。在中学阶段，学生的学习可能只需要单一的课堂学习。但是在大学阶段，学生的学习需求更加趋向多样化，学习方法也发生了一定程度的变化，教师不再是唯一的学习知识的来源。教师在大学阶段主要是对学生的学习进行引导，不再是直接的知识传授，而是学习方法的指导。教师的意义在于，为学生指明学习的方向、提供学习资源、分享自身的学习经验和方法、对难点进行讲解。

独立研究型：学生利用网络、图书馆等多种渠道获取学习资源，自主进行学习和研究。

集体研讨型：学生根据兴趣爱好、专业参与学习小组，对学习问题进行集体研究的学习行为。学习除了教师教导和自主钻研，还可以通过组建学习小组，运用群体的智慧解决难题，除此之外，讨论是一个思想碰撞的过程，在小组学习的讨论中可以加深对问题的理解。

（2）按学习动机划分

学习动机是指为了达成某一学习目标的一种内在动力。学习动机和学习行为的关系十分密切。一方面，学习动机驱动学习行为；另一方面，学习行为是学习动机的具体体现。根据学习动机，高校学生的学习行为分为以下几类。

自我实现型：这类学习行为是为了满足自己的需求，其中蕴含的学习动机是内部动机，具有积极性、自觉性、主动性等特征。

知恩图报型：这类学习行为是为了实现父母、师长以及社会的期待，对于他们的付出想要给出回报的学习动机，这类学习动机具有稳定性。

谋求职业型：这类学习行为主要是为了就业，其学习动机是外部动机，受外部因素影响较大，一般会随着外部条件而变化。

应对考试型：这类学习行为的学习动机是通过考试，取得高分。

（3）按学习结果划分

美国教育心理学家罗伯特·加涅按学习的结果把学习活动分为五类。高校学生的学习行为也可以从这一维度进行划分。

言语信息的学习：主要有两层意思，一方面是学生掌握信息的渠道是言语信息（言语交往或印刷物）；另一方面是学生掌握学习后所表达出来的形式是言语信息。言语信息的学习通常是有系统和组织的，学习者在此类学习中学习到的知识不限于一个方面，而是与教学目标有关的各方面知识。

智慧技能的学习：运用符号或者概念与环境的交互作用的能力的学习，智慧技能包括辨别、概念、规则、高级规则这四个层面。相对于言语信息解决的“是什么”问题，智慧技能解决的是“怎么做”问题，对外界的符号和信息进行处理。智慧技能的学习，又称过程知识。

认知策略的学习：这一学习行为是学习者对自己的思维、注意力学习能力、记忆进行调动，从而能对学习过程进行全面把控。总体来说，认知策略是学习者对自己的学习过程进行整体把控的一种学习方式。采用这种策略学习的学习者能够对学习有一个宏观上的掌握，调动自己的能力来学习。这一策略因其优势成为目前教育心理学研究的重点内容。因此，学校也要促使学生进行认知策略学习。

态度的学习：态度是指人对某件事物的看法和观点，以及体现出来的外在表现，进而对行为产生影响。因此，学生对学习的态度会对学习的过程和效果产生影响，学校要重视学生学习态度的问题。

运动技能的学习：运动技能又称动作技能，包括写字、作图、操作仪器等技能。

2. 高校学生学习行为的特点

与一般的学习行为相比，高校学生学习行为具有以下特点。

（1）专业性与广泛性并存

专业性是指高校在对培育目标、教育内容、课程设置进行界定时，划分的依据是专业，不管是教学活动还是学习行为，都具有专业性。广泛性是指高校在根据专业划分教学内容时，还划定了一部分公共基础知识，比如英语、计算机，学习的学生没有专业限制。除此之外，广泛性还体现在高校学生在学习时没有局限在课内和现实，课外实践、网络课程都是他们学习的渠道，并且除了专业的需要，还会根据自己的兴趣爱好和自我需求进行自我学习，学习的形式多样、内容广泛。

（2）自主性与依赖性并存

目前在一般的高校中，采取的是学分制和弹性学制，高校学生可以在完成基础课程的基础上进行自由选课，可以根据自己的学习需求把握学习时间、学习目标和学习内容。因此，高校学生的学习行为具有自主性。但是，高校学生由于受到自身能力、阅历等各方面的限制，以至于学习活动不能完全脱离教师，这是学习行为具有依赖性的原因。

（3）阶段性与整体性并存

阶段性是指学生在高校学习的不同阶段，其学习目标和学习重点会有所差别。以大学本科生的学习为例，在大一时期，由于是从高中过渡到大学，在学习行为上要进行大的改变。因此，这一阶段的重点学习内容是专业基础知识和公共基础知识。在大二时期，学生的学习行为趋向稳定，学习侧重于对专业的理论和基础技能的学习。在大三时期，学生对自己所学的专业有了更深层次的了解，学习目标也更加明确，学习内容也趋向纵深化。在大四阶段，学生要考虑的是就业问题，因此学习的内容更加重视实用性，注重实践。在学生的学习行为呈现阶段性的同时，把大学看作一个整体阶段，学生的整体目标和学习内容在本质上没有太大的变化，学习行为是围绕学习目标和学习内容开展的，因此，学生的学习行为也具有整体性特征。

（二）高校学生学习行为的管理与引导

伴随着社会的发展和高等教育的深入改革，高校学生的学习行为在趋向自主化和个性化的同时，也引发了一系列新问题。举例来说，分数至上观念抑制了一部分学生在学习方法和思想上的创新，因此，高校教育要做到重视学生学习态度的端正，对学生行为进行管理和引导，帮助学生树立明确的学习目标，提高学生的创新能力和学习能力。

1. 明确学习目标，激发学生深层学习动机

学习动机和学习目标是紧密相连的，学习动机体现的是学习目标的需要。想要对高校学生的学习行为进行管理和引导，要做的第一件事情就是引导学生树立科学的学习目标、对学习行为的目标意识进行强化，从而形成科学的学习动机。具体来说包含两个方面。

（1）引导学生对个人需求和社会发展的关系进行理解

学生的个人需求要与社会需要有一定程度的结合，从而确立科学的学习成长目标。想要达到这个目标，可以通过正面激励，辅以职业发展课程的措施，让学生认识到只有树立了正确的目标，才能明确发展的方向。

（2）对学生的深层次学习动机进行激发

根据目前实际情况，高校毕业生存在“就业难”的情况，因此高校学生在进行自我学习时考虑更多的是这个学习行为的实用化和能带来的利益，这一点无可厚非，但太过重视学习能够达到怎样的目的，让学习行为过分功利化，会让学生对学习失去热情和兴趣，不利于学生的全面、长久的发展。因此，对学生的学习行为进行管理，出发点应该是学生个体的特质和兴趣爱好，教师要对学生的学习兴趣进行更深层次的挖掘，引导学生能够自觉学习，从而形成长期的学习动力。

2. 强化自主学习管理模式，提升学生自主学习能力

在大学这一阶段，学生在思想上更独立，对于知识的获取也不再单纯依靠老师。因此，在高校教育中更重要的是提高学生的学习能力以及教授学生学习方法，这样才能促使大学

生顺利地走入社会。为了达到这个目的，高校教育要从三方面进行：①有针对性地对学生的情况进行客观分析，根据学生的个性特点和自我发展需要，对阶段性的学习进行合理的规划，对学生的自主学习提供方法指导，如帮助学生建立大学四年学习规划就是一种方式。②促使学生的自主学习和小组学习相结合，学生的自主学习固然重要，但是积极参与小组学习也有其必要性。在自主学习中，学生可以独立思考，这是充分挖掘个体的智慧潜力，而参与小组学习可以发挥群体智慧，解决个体所不能解决的问题。③为学生的学习提供适宜的环境和丰富的资源，比如对图书馆和教室的相关设施进行完善，开放学校图书馆、网络课堂等公共资源，为学生提供更多的实践机会，让学生能够在实践活动中对自己的学习情况进行验证，进而强化学习意识。

3. 建立科学长效的学习奖惩机制，营造良好的学习氛围

学习奖惩制度是国家和学校为了培养人才而采取的一种措施，奖惩能够直接影响学生的学习行为，对学生的学习行为的健康发展提供重要的制度保障。

（1）学习奖励机制

学习奖励机制要保证评判标准的科学性以及设置时长的长效性，设置学习奖励机制，其目的是对学生的全面发展起到促进作用，这一机制要坚持以正面激励为主的原则。学习奖励机制具体表现为，对在某一方面有突出表现和贡献的学生进行精神或者物质上的奖励，通过奖励让该生对学习更加有信心、有热情，促使其他学生对学习方式和行为有正确的认识。

（2）学习惩戒机制

对于表现优异的学生有奖励，相对应的，对于有不良行为的学生要实施惩戒机制。这一机制要坚持教育为本、严格规范的原则，通过设立警示、预防、处理等方式，对学生的不良行为进行矫正。除此之外，这一机制的设立目的还在于保证学校的教学管理秩序的正常有效运行，确保学风、校风的成功建设，促进公正和谐的校园环境的建设。

三、高校学生社会实践行为管理

社会实践是大学生思想政治教育的重要环节，对于促进大学生了解社会、了解国情、增长才干、奉献社会、锻炼毅力、培养品格以及增强社会责任感具有不可替代的作用。新时期，随着高校学生社会实践活动的不断发展，高校学生社会实践行为的管理已成为高校学生行为管理工作的一个重要方面。

（一）高校学生社会实践行为的类型与特点

高校学生社会实践行为，是指高校学生根据教学目标的要求，通过自己的实践来深化教学理解、服务社会以及促进自身全面发展的行为。让大学生进行社会实践是高校在培育人、教育人时采取的一种方式，目标通常是“受教育、长才干、做贡献”，主要是让学生

将自身所学的知识运用到实践活动中去，属于高校教育的课外教学。

1. 高校学生社会实践行为的类型

（1）按实践范围划分

高校学生社会实践行为在范围和空间上没有明确的界定。根据开展社会实践的范围划分，高校学生社会实践可以分为校外社会实践和校内社会实践。校外社会实践行为有校外教学实践、校外专业实习、假期工作实践、社会调查等；校内社会实践行为有校内勤工俭学、毕业设计、军事训练等。

（2）按实践内容划分

学习研究型：学习研究型是指高校学生在教师的指导下，对问题（包括专业上的问题和社会热点问题）进行深入社会的调研。参加这类实践活动，对高校学生在发现问题和解决问题的意识和能力有提升作用，在撰写调研报告和发表科研成果的过程中还能锻炼学生的学术科研能力。除了这一类调研，学习研究型还包括学校根据学生的专业需求，组织学生进行统一实习。

志愿服务型：志愿服务型是指学校、学生团队或个体为了满足社会的需求而开展的自愿的具有公益性质的服务活动，比如义务教学、免费演出、绿化城市等活动。此类活动的意义在于让学生能够认识社会，帮助社会，从而培养学生的奉献精神和社会责任感。

参观教育型：参观教育型是指学校和学生自发组织的一种参观活动，主要地点有博物馆、历史古迹、工厂等，在参观考察这种直观的感官体验中深化思想，对社会现状进行了解。

有偿劳动型：有偿劳动型是指学生为了得到经济报酬而进行的社会实践活动，既包括学校提供的勤工俭学岗位，也包括学生团队或个体自发组织的到企事业打工的行为。此类活动的意义在于培养学生不怕苦不怕累的实干精神，提高学生的就业能力。

2. 高校学生社会实践行为的特点

高校学生社会实践行为呈现的特点主要包括以下几个方面。

（1）体验性

高校学生如果想要真正掌握学习的知识和技能，那么进行实践活动是势在必行的事情，通过实践可以对知识进行运用和体验。高校学生的理论知识主要来源于课堂，需要明确的是理论知识如果不能运用就没有意义，而参与社会实践就是最好的运用理论知识的方式。参与社会实践，高校学生可以通过自己的感官体验对社会有一个更深入的认识，能够将自己学习的理论知识与实践情况进行对比和验证，将理论问题与实际问题真正结合起来，进而解决。

（2）专业性

高校学生进行专业知识学习，其目的包括对这一专业领域进行深入的认知和了解，针对这一专业涉及的实际问题，找到一个更好的解答方式。因此，高校学生社会实践具有专业性主要体现在两个方面：①在实践活动中对自己所学的专业知识进行验证，加深理解，最终能够将所学的专业知识运用于解决实际问题，实现自己所学知识的价值；②实践行为的方式和内容具有专业性，高校学生对所学的专业知识和技能有一定程度的掌握之后，能够更好地推动社会事业的发展。

（3）阶段性

在高校学生社会实践中阶段性主要体现在两个方面。

第一，高校学生社会实践是高校学生社会化过程中的一个重要阶段。人在大学阶段不管是生理还是心理都处于一个成长的阶段，一般来说，这一阶段的下一个阶段就是步入社会。因此，这一阶段的社会化任务是从各方面对进入社会、承担社会责任做好准备，这一阶段的实践成果来源于学习。

第二，实践内容具有阶段性。在不同的时期，由于学生的需求和目的不同，在社会实践的内容上会有所差别。相对来说，低年级的社会实践地点更趋向于校园以及校园周边，其目的是丰富课余生活、培养兴趣和爱好、提高自己在某方面的能力。高年级的社会实践地点则有更多的选择，高年级的学生即将踏入社会，转变学生的身份。因此，在社会实践活动的选择上更倾向于提高自己的就业能力，将自己所学的知识与社会实际结合起来。

要明确的是，除了贯穿大学生涯的社会实践活动，其他社会实践行为在学生参与的时间上也具有阶段性。

（二）高校学生社会实践行为的管理与引导

1. 完善运行机制，充分调动高校学生参与社会实践的积极性

调动高校学生积极参与社会实践可以采取的方式有以下几种。

第一，将社会实践纳入教学体系中，使其成为教育中不可缺少的一部分，成为培养人才的重要内容。比如，将社会实践学分作为基础学分划入学分制中，使得学生想要修满学分必须进行社会实践活动。

第二，建立健全保障和激励机制。可以采取的具体措施如下：设立专项基金，其中的资金用于支付学生进行社会实践中产生的费用以及奖励在社会实践活动中表现出色的学生；将社会实践能力划入评优评先、综合素质评价等评选活动的标准中去，让学生重视社会实践能力。

第三，重视考核评价机制的建立和完善，评价的标准必须具有科学性。要从各个角度对学生的社会实践能力进行评价。在对实践活动的结果进行反馈时，要让学生对实践活动中的经验进行总结，以及思考其中存在的不足，以便优化下一次社会实践活动的开展。

第四，促使社会实践运行的基地化、项目化及社会化。具体方式是，在校内或校外建立实训基地，这需要加强与企事业单位的联系和合作，借用资源成立社会实践场所，通过招标的方式对实践项目进行确定，保证实践活动的实效性。

2. 强化专业指导，确保学生社会实践活动的科学开展

学校要结合实际情况，在校、院等不同层面对学生社会实践活动指导体系进行细化。在学校层面，要设置有专业人员负责的高校学生社会实践领导小组，对内加强指导和组织，对外提高沟通和联络频率，通过建立科学规范的管理制度，确保社会实践能够有计划、有效果地进行。在院系层面，要充分发挥院系的专业优势，对现有的社会资源进行整合，选拔出优秀的教师团队，从而为学生提供及时、专业、有效的社会实践指导，确保社会实践能够取得期望的效果。除此之外，高校还要对学生社会实践进行研究，得出理论化的知识，从而更好地指导学生的社会实践活动。

3. 加强示范宣传，扩大社会实践活动效果的影响力

不管是在实践活动的开始、进行还是结尾阶段，都要进行示范宣传工作，这对于实现宣化、鼓励和教育有着至关重要的作用。高校要运用多种方式，促进社会实践者与其他学生的交流与互动，能够增强示范引导作用。

高校采取的方式主要有两个。一是对具有示范性的社会实践团队或个人进行培育和选拔，为他们的发展提供更大的平台空间，主要由高校教育管理者从实践行动中去支持：①进行奖励和宣传，面对能够促进高校学生全面发展并且具有广泛积极性影响的社会实践活动，要进行充分的挖掘，并实施物质或精神上的奖励，进一步扩大影响力；②加强培育，社会实践活动要以学生的兴趣和爱好为导向，有意识地对具有潜力的优质的团队和个人进行培养。二是采取多种渠道的宣传方式，对实践活动的事件、人物、成果进行宣传，宣扬优质社会实践活动带来的良好社会效益，让更多的高校学子参与到社会实践活动中去，促进学生多方面的发展。

第四节　高校学生群体组织管理

一、高校学生群体组织管理概述

高校学生群体组织是一种学校教育组织，是高校学生实现自我发展的重要渠道，也是开展高校思想政治教育的重要载体，如果想对高校学生群体组织进行科学管理，那么对其特点和内涵进行研究是必要条件。

（一）高校学生群体组织的内涵

《辞海》中对“组织”的解释是“按照一定的目的、任务和形式加以编制”“也指编制的集体”，是“组织的形式或组成部分之间的关系”。组织行为学将“组织”定义为“组织是为了达到个体和共同目标而一起工作的人的集合。组织之所以存在，是因为它能够满足

人们日常生活和社会活动的种种需要”。管理学认为“就组织特定的内涵而言，组织是按照一定的目的和形式而构建起来的社会集团”。组织“为了满足自身运作的要求，必须要有共同的目标、共同的理想、共同的追求、共同的行为准则以及相适应的机构和制度”。巴纳德将组织定义为“有意识地加以协调的两个或两个以上的人的活动或力量的协作系统”。归纳起来，可以将高校学生群体组织界定为两个或两个以上具有某种相似性特性的学生为了实现一定的目标，按照某种特定的方式联系在一起开展活动的群体。

高校学生群体组织的产生源于高校学生的自我需求与高校教育目标、规律相互作用。高校学生的内在心理需求主要体现在以下几个方面。

第一，情感交往的需求。在学校期间，学生对于交往方面的需求比较强烈，渴望自己能够被他人看到，并得到认可。通过突破自己原有的交际圈，扩大自己的视野，丰富自己的生活，摆脱孤独感。因此，很多大学生热衷于群体活动，由此促进了高校学生群体组织的形成。

第二，获得认同感的需要。高校学生希望能够对自己的才能进行各方面的展示，从而获得社会和他人的认可，学生群体组织抓住这一心理，组织各项活动，比如校园十佳歌手大赛、校园舞者等活动，这些活动为有才能的学生提供了展示的平台，让学生能够更真实地认识自己并且对自身的价值进行实现，从而满足获得认同感的需要。

第三，学生自我发展的需要。就业的压力让学生意识到要提高自身的能力和价值。在新闻报道中，大学毕业生逐年增加，“就业就是失业”显示的是社会竞争的日益激烈。学生组织面对现实情况，组织进行各类培训和竞赛，让参加的学生能够锻炼能力，提高素质，进而实现自我发展。

对高校学生群体组织进行分类，有多种方式。①按照组织结构的完整性和紧密性，可以分为正式群体组织和非正式群体组织；②按照组织存在是否真实的情况，可以分为假设群体组织和实际群体组织；③按照组织的目标和性质，可以分为政治型、学习型、兴趣爱好型等群体组织。

（二）高校学生群体组织的特点

高校学生群体组织是由处于大学阶段的青年组织而成的，相比其他社会组织，无论是活动目的、活动形式还是组织文化，都有其独特之处。这些特点主要体现在以下几个方面。

1. 相似性

高校学生群体组织群体的相似性主要体现在以下几个方面：①相同或相似的认知水平和思维方式，主要原因在于高校学生群体组织的组织者和参与者在接受教育的程度上没有太大的差别。②对基本问题的认识上存在相似性，主要原因在于高校学生群体组织人员基本处于同一年龄段，不管是在思想上还是心理上都存在相似性。③相似的理想和目标，高校学生群体组织群体在建立的时候就对组织有一个明确的定位，对于加入的学生也设置了相应的门槛。因此，参与组织的学生基本上有着共同的理想和目标，最多的是为了对自己的专业知识进行丰富以及对综合能力进行提高，从而能够获得更多的工作机会以及更好的学习渠道。④根本的发展方向和成长目标是相似的，即使在形式和目标上，各个群体组织存在差异性，但是组织建立的目标一定是积极向上、促人奋进的。

2. 年轻化

高校学生群体组织相比其他组织，成员在年龄上具有年轻化特点。大部分人在大学期间处于青年期，他们身体素质好、思维活跃、热衷于新事物，以及对于自己在能力的提高和个人价值的实现方面有着明确的目标，同时步入高校的学生本身在逻辑思维和抽象思维上就具有优势，因此高校学生群体组织不管是在生活还是在学习方面，都会表现得比较活跃和积极。

在看到年轻化的优势的同时，也要重视年轻化给高校学生群体组织带来的不确定性。一是情绪和价值判断的不稳定，学生在大学阶段处于一个树立三观的关键时期，虽然接受了良好教育，但是由于大学时期学习的开放性，学生容易受到外界的影响，以至于心理状态不稳定。二是人员不确定，高校学生群体组织对于人员的管控没有那么严格，流动性较强，新成员带来的新思想和新方法会对原有的组织体系造成冲击。因此，可以说高校学生群体组织具有不确定性。

3. 互动性

互动是指各个要素相互联系、相互作用的过程，包括个体与个体、个体与群体、群体与群体之间的用信息进行沟通和传播的相互依赖的社会交往活动。在高校学生群体组织中，互动交往是其一个重要特征，相比其他社会组织的互动交往，既有相同点也有不同点。相同点在于只要组织内部成员不进行各种形式的联系，那么就不会有互动，也不可能产生关系进而形成组织。不同点在于高校学生群体组织的互动交往具有全面性、深入性等特征。

在大学阶段，学生所处的环境相对自由，社会关系也没有那么复杂，学生因为共同的爱好和目标产生互动和联系。高校学生产生互动和联系的方式、内容涵盖大学生活和学习的各个方面，比如学习难点问题的探讨、生活帮助、娱乐活动等。因此，可以说高校学生群体组织的互动交流更具有全面性。而深入性则体现在，学生是校园活动的主人翁，从组织者到参与者，都是学生。学生在组织活动和参与活动的时候，需要进行各项工作任务的分配和协调，因此互动和交往频繁、深入。

4. 文化性

在社会文化的发展中，高校的文化建设至关重要。因此，对于高校学生群体组织的文化性有所要求。高校学生群体组织的成员大多来源于高校，相比其他一般的社会组织，学历水平较高，不管是在科学知识的学习方式还是在掌握程度上，都具有一定的优势，这是在知识层面上高校学生群体组织高品位文化特征的体现。除此之外，高校学生群体组织的文化性还体现在高校学生的自我要求较高。随着素质教育的不断推进以及社会竞争的激烈，学生在对自我素质和能力的提升上更加自觉和主动，这些学生聚合到一起就成了一个高素质水平的学生组织。

（三）高校学生群体组织的管理

对高校学生群体组织管理进行解析，指的是高校领导或相关组织为了帮助高校学生群体组织实现目标，以及组织的稳中向好运行，从而根据国家的教育方针和各项政策法规，对组织内部的各种要素进行有科学依据的计划、组织、指挥和协调，这些要素包括人、物件、时间、信息等，并且进行预测、计划、反馈和监督。

马克思说过："一切规模较大的直接社会劳动或共同劳动，都或多或少地需要指挥，以协调个人的活动，并执行生产总体的运动——不同于这一总体的独立器官的运动——所产生的各种一般职能。一个单独的提琴手是自己指挥自己，一个乐队就需要一个乐队指挥。"从这句话中可以看出，不管是在什么活动和组织中，都必须要具备管理行为，并且正确的、有效的管理在对个人和群体进行协调后，能够让最后的成果达到预期的目标甚至更好。对高校学生群体组织进行管理是校园管理中的重要内容，高校学生群体组织的管理成效可以体现学校管理工作的水平。

随着我国高等教育视野的不断发展，对高校学生群体组织进行管理的重视程度也日益提高。我们在看到高校学生群体组织管理事业不断发展的同时，也要对管理事业有一个客观、清晰的认识。高校学生群体组织随着学生自主能力的提高和创新思维的发展，在数量上有了一定的增加，在形式上也更加多样化，但是在管理工作中仍然存在一些不足。具体来说，主要是管理者、管理方法、管理机构的问题。在管理者上，主要存在观念陈旧，对群体组织文化缺乏认同感的问题；在管理方法上，存在方法改变落后于信息手段的丰富进程的问题；在管理机构上，存在机构建设不全面、群体组织管理目标不全面的问题。

针对上述问题，学生群体组织管理工作想要做到系统化、现代化、规范化和科学化，就要做出相应的改善，以应对新形势带来的新问题。具体措施如下：一是加强教育，要重视思想政治教育，学生群体组织如果在思想上出现了问题，那么影响的不只是组织成员，还会影响整个学校的思想文化氛围；二是行为管理的创新，高校学生群体组织的行为并不是一成不变的，行为管理要根据行为的改变进行创新；三是制度管理的完善，通过规范的制度促使高校学生群体组织更规范；四是深入研究，对于现在的情况进行分析，并形成理论化成果，促使高校学生群体组织的教育和管理工作更加科学化。

二、高校学生正式群体组织管理

高校学生想要融入校园生活，党团组织和班级是最基础的群体。因此，重视高校学生正式群体组织管理就是要加强对党团组织和班级的引导和管理，在引导和管理中帮助学生坚定理想信念，从而形成健康文明的生活方式，进而提升情趣、增长才干。

（一）高校学生正式群体的内涵及特点

1. 高校学生正式群体的内涵

高校学生正式群体是大学校园内相对稳定的学生群体组织形式，主要包括学生党组织、学生团组织、班集体、学生会等群体。

学生团组织在学校党委领导下开展工作，主要有团委、分团委、团总支、学生团支部等，学生团组织是联系青年学生的重要纽带和桥梁，是中国共产党的助手和后备军，是团员青年学生的忠实代表。团组织的性质决定了其在全面推进高校学生素质教育、培养合格人才工作中责无旁贷。

班集体作为学校教育教学的基本单位，是学生共同成长的重要组织，它以健全的组织形式对成员发挥着管理功能。班集体有明确的规章制度、健全的管理机构，学生在现实生活中的许多问题都是通过班级来解决。班集体作为高校在校学生的基本组成形式，还发挥着教育功能，其凝聚力是一股无形的、强大的力量，对班集体成员起着激励和约束的教育作用。良好的班风对每一位学生的价值观念、行为规范、学习风气等都有着潜移默化的引导作用。

高校的学生会组织是在学校党委的领导和学校团委指导下的学生群众性组织，是全校学生利益的代表。学生会是联系和沟通学生与学校党政部门的重要桥梁和纽带，以营造良好的学术氛围、增强校园文化底蕴为工作重点，进行自我教育、自我管理和自我服务。同时，学生会还是学校有效开展校务管理、实现学校育人目标的重要依靠力量。因此，可以说学生会是高校学生正式群体的重要组成部分。

2. 高校学生正式群体的特点

高校学生正式群体具有健全的组织机构、完备的组织制度，具有很强的凝聚力。高校学生正式群体是思想政治教育的重要载体和依靠力量，是沟通学校和学生的桥梁和纽带。高校学生正式群体表现为以下几方面的特点。

1）具有较强的方向性

高校学生正式群体是为了完成某一特定功能而建立的，具有较强的方向性和目标性。例如，学生党团组织是上级党团组织为了实现对于基层党员、团员进行有效管理而建立的组织，它具有很强的政治色彩，承担了传播主流价值观以及党的路线、方针、政策，有效贯彻党的政治主张、基本路线和基本纲领等政治任务。班级是为了完成高校学习功能而形成的群体，其基本功能是接受教育或学习。学生会是为了促进学生自我教育、自我管理、自我服务而统一建立的自治组织。因此，相比其他群体来讲，正式群体的目标更加明确，方向性更强。

2）具有较强的规范性

高校学生正式群体基本属于“科层制”管理模式，即组织有极其严格的规章制度和等级制度，下级服从上级是基本的组织纪律，具有较强的规范性。学生党团组织要遵循党章、团章以及学校基层党组织的相关规定和要求，在学校党委及其职能部门、校团委和院系党团组织的领导和指导下开展工作。班集体作为高校管理的基本单位，有健全的管理制度，规范着班级管理的各个基本环节和学生的基本行为规范。学生会虽然具有一定的自治性，但直接接受党团组织的指导，具有严格的章程、科学的机构设置、明确的工作要求和严格的考核制度。较强的规范性确保了正式群体及时、有效地贯彻落实党的方针政策和学校的制度规范、发展要求。

3）具有较强的凝聚力

从行为科学角度看，凝聚力是指群体对成员的吸引力和成员之间的相互吸引力，既包括群体对其成员的吸引力，又包括成员对群体的向心力。高校学生正式群体和群体成员之间也有着很深的感情和很强的凝聚力。党团组织以马克思列宁主义、毛泽东思想、邓小平理论、“三个代表”重要思想、科学发展观、习近平新时代中国特色社会主义思想的科学性和先进性凝聚人，以优秀党员、优秀团支部干部的良好形象凝聚人。它的凝聚力体现在党员、团员和普通学生对党团组织的忠诚和拥护上。班集体主要通过良好的班风和班级文化来凝聚人，其凝聚力体现在学生能够形成很强的集体主义观念。学生会主要通过和谐健康、积极向上的文化氛围和学生自我管理的有效实现凝聚人，其凝聚力体现在学生对学生会组织活动的认可与参与。

4）具有较强的先进性

与其他组织不同，正式群体在选拔、考核、晋升学生干部时都把学习成绩、工作能力以及生活、学习作风作为必要条件，这使正式群体成为优秀学生汇聚的组织团体。

（二）高校学生正式群体的管理与引导

高校学生正式群体是学校教育管理的基本单位，是学生思想政治教育的主要载体，对于正式群体的管理和引导要符合其自身特点，突出其思想政治教育功能，创新其教育管理手段。

1. 以思想建设为核心，加强正式群体的先进性建设

在正式群体的思想建设中，理论思想是社会主义核心价值体系，主要是提高政治敏感度。具体来说是关注时政要事，提高对世界局势和国情社情的认识程度，培养政治理论素养。其实施方法主要有以下两种。

第一，通过对理论知识的学习增强正式群体的先进性。具体措施如下：党团组织定期开展政治理论学习；班级定期开展班会或讨论会，对党和国家的重要时政新闻和政策法规进行了解和学习；学生会定期组织讲座、培训，从而提高学生会干部的政治敏锐性和政治鉴别能力。

第二，通过制度建设保障正式群体的先进性。在进行正式群体思想建设的过程中，高校教育管理工作者如果想要确保目标的实现，那么就离不开过程的监督以及对建设过程中采取措施的反馈。①建立健全管理制度，不管是班级管理制度，还是学生会管理制度，甚

至物品管理制度，都要对正式群体学生的行为以及管理的各个基本环节进行规范。②建立健全制度运行机制，将正式群体的发展纳入学校教育管理的环节中。③建立健全正式群体的竞争和激励机制，比如，进行优秀学生干部、团员、党员评比。④建立健全制式群体的考核和评价机制，比如，建立学生干部量化考核机制、学生干部职务晋升机制等。通过推进正式群体的制度建设，可以提高管理效率，进而推动正式群体的健康发展。

2. 以学生自我教育为重点，充分发挥正式群体的朋辈效应

“朋辈效应”是指具有相同背景或共同语言的人对信息、观念、行为技能等进行公开分享，从而实现教育目标的一种教育方法。朋辈之间在年龄差距或者距离远近上相比其他群体有优势，具有隔窗浅、防御性低、共同性大、互助性高的特点。在正式群体中，核心成员大部分是学生群体中的优秀分子，因此有利于开展朋辈教育活动。

第一，重视培养正式群体中学生骨干人才，树立正面典型人物，强化示范作用。学生骨干作为正式群体管理中的重要人员，他们是教育管理中最直接的实践者，活动的策划、组织、参与都离不开学生骨干。相比其他正式群体管理人员，学生骨干的群体基础一般比较好，在发挥先锋模范作用方面具有优势，能够通过自己的行为对其他学生起到很好的引导作用。因此，高校教育管理工作者要充分重视学生骨干的示范引导作用，并且让普通学生能够了解他们的事迹，学习他们的优质行为。比如，开展表彰大会、学习经验交流会等活动。通过这些活动，让学生骨干对普通学生进行好的影响，从而把社会对优质人才的标准作为学生自我评价的标准，进而实现学生的自我教育。

第二，为朋辈间的交流和互动提供平台。高校学生在年龄段上基本没有隔阂，在心理发育上也相差不大，因此共同语言较多，沟通和互动比较顺畅。基于此，高校教育管理工作者可以在班级中设立互助小组，为朋辈间的交流互助建立桥梁，进而提高群体成员自我认识、自我监督以及自我评价的能力。

3. 以活动创新为导向，增强正式群体的生机活力

促使高校学生正式群体的持续发展，离不开对其生命力和活力的保持，而开展各种形式多样、内容丰富的创新性活动是保持其生机与活力的重要内容。

1）创新组织管理模式

创新组织管理模式重点在于让学生发挥主观能动性，对主体意识进行激发，对综合素质能力进行培养。在以往传统的活动中，活动的组织离不开教师的指导，教师在组织管理中发挥重要作用，是一种“自上而下”的推动模式。创新就在于让学生成为活动组织的主人翁，让学生根据专业特征、兴趣爱好等，对活动的内容和形式进行自主选择和创新，对学生的创造力和潜力进行充分挖掘，变成自下而上的共同推进。

2）创新活动内容

正式群体的主要活动包括开展活动，对活动内容进行创新，这有利于提高活动的质量，促进活动目标更好更高效地完成。对活动内容进行创新，离不开对新形势下新情况的把握，

要紧扣时代的主体，同时也要传承经典中的精华。

3）创新活动形式

在开展活动时，高校教育管理者要坚持理论联系实际的原则，对以往内容枯燥、形式单一，且具有强制性的活动进行创新，让学生能够真正投入活动中去，在活动中学习新知识和新技能。想要达到这一目标，需要通过学习、调研的方式，对新型活动组织形式进行探索和研究，进而增强活动的新颖性和生机。除此之外，组织的活动还要能够让学生有所收获，让正式群体能够得到发展。

三、高校学生流动群体组织管理

高校学生流动群体的主体是学生社团，这类高校学生群体组织产生的目的是满足大学生日益丰富的文化需求。加强对流动组织的引导和管理，能够在校园文化的建设、学生综合素质的提高、学生适应社会能力的提升以及促进学生的全面发展、就业成才等方面发挥重要作用。

（一）高校学生流动群体的内涵及特点

1. 高校学生流动群体的内涵及类型

高校学生流动群体并不是一种正式群体，而是由于组成人员有着共同的兴趣爱好，遵循自愿的原则，可以开展文化、科技、体育、文艺等活动的群体团队。从时间上来看，高校学生流动群体在校内盛行发展的时间是20世纪80年代初，由于能够在一定程度上满足高校学生在学习、交往、生活等方面的需求，因此从好的方面来说，高校学生流动群体是能够推动校园文化建设进程，促进学生的全面发展的。从类型上来说，高校学生流动群体的主要表现形式是学生社团，其他表现形式有临时组建的项目型群体和老乡会等自由组织群体。

为了促进素质教育的贯彻落实和深入发展，在高校教育中就要重视高校学生社团活动在提高学生综合素质、提升学生适应社会能力、促进学生成才与就业等方面发挥的重要作用。在新形势下，高校学生社团组织在凝聚学生、开展思想政治教育方面发挥的作用是不可替代的，能够补充以年级、班级为主的学生思想政治教育。高校学生社团根据活动开展形式和成员组成的目的，可以分为以下几类。

（1）理论学习型社团

理论学习型社团的建立基础是成员相同或相似的理想信念和志向，主要内容是时事政治活动和政治理论学习。在这类社团中，大多数成员不管是在学习还是在思想品德上都比一般人优秀，他们在政治观点和态度、思想道德素质上一般相差不大。这类社团是大学生世界观、人生观、价值观教育的重要载体。

（2）学术科研型社团

学术科研型社团又可以细分为两种：①根据专业知识进行学术研讨、学术交流的学生团体，开展活动的形式一般是讲座、研讨会、组织比赛等，具体来说有英语演讲大赛、普通话大赛等；②以科技活动为组带的学生团体，比如编程爱好者协会、计算机爱好者协会等。

（3）兴趣爱好型社团

兴趣爱好型社团中的成员一般有着相同的兴趣爱好，其建立目的是满足学生全面发展的心理需要、丰富学生的课余文化生活，此类社团包含的范围很广，在活动形式的设置上并没有太多的限制，并且具有趣味性。活动内容涉及多个方面，比如文学、语言、影视等。具体表现形式有书法协会、动漫协会、摄影协会等。这类社团在形式和内容上更新不断，"流行社团"也不断涌现，如美容协会。

（4）社会公益型社团

社会公益型社团开展活动时，运用的是自己已经掌握的知识和技能，其活动是为了服务社会、承担社会责任、锻炼自我，主要活动形式通常是操作性较强的实践活动。比如环境保护协会，除了倡导他人保护环境，更多的是社团成员用自己的实际行动为环境的保护献一份力。通常这类社团成员能够自觉奉献社会，为社会弱势群体提供服务，在服务中培养爱国主义精神、体现人文关怀等。

项目型群体是一个具有临时性和短期性的团队群体，目的是解决问题或完成任务，只要问题解决或任务完成，那么这个团队群体就会取消。这也说明，项目型群体是和具体的项目目标具有直接联系的。在如今的校园里，主要存在的项目型群体有学生工作室、科研团队、创业团队等类型。

流动群体的组成部分也包括老乡会等自由组织。老乡会作为高校学生流动组织表现的一种特殊形式，它是根据地理位置、语言和习俗来划分建立的一种非正式组织。成员的联系具有感情的寄托，主要是乡情。在某种程度上，老乡会满足了特定学生群体的交往需求，对学生因远离家乡而产生的陌生感和孤独感有所缓解。

2. 高校学生流动群体的特点

高校学生流动群体是广大学生按照某一共同喜好而自愿组成的群众性团体。在其建设和发展过程中存在着组建及运转的自主性、类型及内容的多样性、成员参与的广泛性及组织结构的松散性等特点。

（1）组建及运转的自主性

随着市场经济发展的需要，现代高等教育在培养人才时重视的是学生的全面发展和个性发展，而不是传统教育模式中的重传授知识、轻培养能力，以及重视课堂统一教学、忽视课外知识的拓展。在现代高等教育理念和教育模式下发展起来的高校学生流动组织，具有充分尊重市场和体现学生主人翁地位的意识。不管是组建还是运营，学生在组织中都具有较强的自主性，群体组织的负责人自觉承担发起和组建的责任，对于组织的发展方向、组织架构、活动策划等都有自己的思考并负责相应的工作，参与人则按照自己的意愿加入组织和参加活动，至于学校和指导老师，则是负责宏观上的指导和调控。

在学生社团中，成员基本上有着一致的兴趣爱好，他们根据自己的意愿加入社团。组织的各项活动建立在完成组织目标的基础上，但活动的详细策划、具体流程都是由社团成员来决定并实施，具有高度的自主性。学生社团这类组织对培养和激发学生的自我教育、自我管理、自我服务的意识和热情具有促进作用，并且尊重了学生的主人翁地位。

（2）类型及内容的多样性

学生获取知识和信息的渠道随着网络信息技术的快速发展而得到拓展，学生接触到的信息过多以至于在精神文化的需求上有了更高的要求，以往简单的“食堂—教室—宿舍”三点一线式大学生活模式已经不能满足现代大学生的活动需要。高校学生流动群体的产生和发展的动力包括学生的需要，以至于在活动类型上表现出多种多样的特点，在活动内容上也是丰富多彩。比如社团，除了传统的体育、文艺、科技和社会公益等类型，在近几年的高校社团中还出现了网络虚拟社团、跨校社团等新型社团。社团活动内容涉及政治理论学习、科学技术探索、文化娱乐体验、志愿服务开展、社会实践考察、创业技能提升等更多方面。社团的组织形式和活动方式也是各具特色，除了符合学生的需求，还做到了新颖独特，将新时代流动群体的特点充分体现出来。需要明确的是，活动之所以在内容和形式上不同，是为了满足学生的多方面需要。

（3）成员参与的广泛性

多样的活动能够丰富现代大学生的课余生活，为展示个人才能提供了平台。参与流动群体组织的学生在年级、专业、性格和民族上没有完全相同的，因此参与的成员具有广泛性。如今在各大高校中，学生社团不仅在校内具有很大的影响作用，有些社团的影响范围甚至辐射到了校外。

（4）组织结构的松散性

高校学生群体具有学生自愿组织、参与的特点，因此对组织成员的约束性并不强，主要体现在以下两个方面：①组织管理方式的松散，由于大多数高校学生流动组织并不直接属于学校行政部门管辖，学校行政部门更多的是起到一个指导的作用，因此高校学生流动组织在场地、资金、政策方面并没有有利的条件支撑，指导也会出现滞后的情况。②组织成员的不稳定性，高校学生群体关注的内容多样，获取信息繁杂，兴趣爱好很容易转移。如果成员对参与的某个流动组织的主要活动内容已丧失兴趣，那么就会选择脱离这个组织。相应地，如果某一热点话题受到了追捧，或者某一行为方式成了大众所喜爱的，那么相关的流动组织就会迅速发展，呈现欣欣向荣的景象。除此之外，组织成员的不稳定性还在于群体成员构成的成分复杂，在一个流动群体中会汇集各种性格的人，如果组织内部成员没有协调好，那么就容易出现分化、矛盾和冲突。

（二）高校学生流动群体的管理与引导

面对新时期的新挑战，进一步科学整合资源，加强和改进大学生流动群体的管理，科学有效地引导大学生流动群体的良性发展，不仅是适应高等教育改革发展和大力推进素质教育的迫切需要，也是新时期高校人才培养和校园文化建设所面临的重要课题。

1. 科学管理、重点扶持，促进流动群体的可持续发展

实现高校学生流动群体的良性健康发展需要运用科学的管理理论和方法，并坚持管理与扶持相结合。对流动群体实施科学管理，可以从以下几方面入手。

（1）严把组织入口关

以学生社团为例，学校社团种类多样、数量繁多，为了便于对学生社团的统一管理，可以成立学生社团联合会。要充分发挥学生社团联合会的组织管理和服务功能，严格把控学生社团的成立流程。学生在申请成立社团之前，要对社团的宗旨、章程、负责人、目标等有一个详细的规划，并形成文字，以书面形式上报给社团联合会。社团联合会则要对各项资质进行严格审核，认真履行审批手续。

（2）加强对负责人的管理

负责人作为组织的领导核心，组织活动的方向是否正确、质量是否过关、目标能否实现以及具体流程能否实施都与负责人有关系。因此要重视负责人的选拔，并且在上任后还要对其进行定期考核和培训，促使其不管是在政治素养、思想道德还是在工作能力上都有进一步的提升。

（3）加强对活动的管理

为了保证组织活动的质量，流动组织可以采用项目管理形式开展活动。这种活动形式对学生参与活动的积极性、能力的锻炼和提高以及开展活动的效率等方面都会起到促进作用。对于流动组织带来的积极作用，高校应该重视，并且要采取相关措施促进其建设和发展，具体可以从两个方面来进行：①重视指导，流动组织虽然由学生主导，但指导老师也对其健康发展具有重要的作用，因此高校要鼓励思想觉悟高、业务能力强的老师担任流动组织的指导老师。②改善条件，主要是指学生社团的办公条件和活动条件，对于设备的更新和物资的填补，高校要给予支持，要制定具体措施来解决实际问题，为活动的顺利、有效开展提供有利条件。

2. 提升格调，打造品牌，营造高品位的组织文化

组织文化一般是指将一个组织内成员凝结在一起的行为方式、价值观念和道德规范的总和，管理只有与文化配合才是成功的。大学生教育管理工作是否达到一个较高的水平，学生流动群体的高品位组织文化营造是一个重要指标。积极健康、高雅向上的组织文化有利于学生接受优秀文化的感染和熏陶，使学生在参与组织活动时目标更明确。

引导学生流动群体营造高品质的组织文化可以从以下两个方面入手：①结合学校传统，凝练形成特色组织文化。各大高校不管是在办学条件与建立背景上，还是在办学理念与育人目标上都有差别，这些差别构成了不同的校园文化。大学生流动群体组织的文化建设要以校园文化为基础，结合学校办学理念和育人目标，打造特色品牌活动，进而营造健康向

上、积极进取的文化氛围。比如，在师范类学校开展教师技能大赛，在丰富学生课余生活的同时提高学生的教师技能。②树立品牌意识，打造品牌群体组织。高校学生流动群体要通过提升成员素质、开展精品活动，以及加强典论等多方面来实现自己特色品牌的建立。

为了促进学生流动群体的发展，可以引进竞争机制、奖励机制和淘汰机制。以学生社团为例，学生社团联合会要制定详细可行的考核标准，定期对学生社团进行测评，对于测评分数高的学生社团予以奖励，对于没有能力开展活动或不具备运行条件的社团进行除名，促进同类型社团的良性竞争。通过实行上述三种机制，促进学生社团的进一步发展，落实学生社团存在的意义，提高社团的品质。

3. 立足校园、面向社会，将流动群体打造成素质教育新平台

高校学生流动群体作为校园文化建设中不可缺少的一部分，高校教育管理要重视其作用，发挥其优势，在促进校园建设的基础上面向社会，打造高素质教育平台，具体如下。

第一，引导高校学生流动群体的活动内容与学生所学专业知识相结合，开展与专业相关的社团学术活动，促使学生在参加活动的过程中巩固专业知识，并能够学以致用。

第二，指导流动群体开展与日常学习、生活相关的活动，让学生在社会实践活动中将理论知识运用于实际，在理论的指导作用下发现自身的不足和问题，进而改正并对理论的内涵加以扩充。

第三，鼓励社团之间进行交流合作，每个社团的注重点不一样，也许在这个社团难以解决的问题在另一个社团就能迎刃而解，因此可以推进社团联合活动，进行优势互补，实现资源共享，扩大高校学生社团的影响力。除此之外，社团合作并不限于校内社团，可以利用社会社团广阔的平台和丰富的资源，对学生社团的不足进行改善，达到从学校走向社会的目的。

第四，鼓励社团与世界范围内的高校社团进行合作和交流，经济的全球化和互联网的全球化应用为国际交流提供了机会，国内社团可以通过与国外社团进行信息交换和经验交流，展示中国高校学生社团的风采，同时学习国外社团的优点，促进国内社团的发展。

第五节 高校学生安全和资助管理

一、高校学生安全管理

无论是哪个年龄段，“安全”都是必须重视的问题，高校学生也不例外。高校学生相对于中小学生而言拥有更强的自主性，因此在管理上难度更高。除此之外，作为社会群体中重要的一部分，高校学生的安全关系到社会的安全稳定，因此高校管理者要重视安全教育，注重培养学生的安全意识。做好高校学生的安全管理工作，不仅是高等教育改革的需

要，也是高等教育持续健康发展的要求。然而现阶段我国高校安全管理工作并不完善，对于各种安全问题还没有建立一套完整的体系和措施。为了高校教育事业的发展以及帮助高校学生更好地成长和学习，完善高校学生安全管理工作势在必行。

（一）当前高校学生安全管理的现状

1. 办学规模、层次不断扩大

随着我国经济的不断发展，政府和企业对教育的投资不断增加，促使高校的办学规模和层次也在不断扩大。

2. 缺乏安全防范意识

由于现代生活水平的提高，手机扫码支付给我们的生活带来了很大的便利，但与此同时，这也极易泄露我们的个人信息。另外，由于学生缺乏安全防范意识，失窃现象也时有发生。

3. 宿舍楼存在安全隐患

高校的学生都统一住宿舍，同时宿舍也是存在安全隐患最大的地方。比如，学生在宿舍随意使用大功率电器或者是质量不过关的电子产品，就很容易引发电起火，进而引发火灾。

4. 沉迷于网络

在高校学生的安全管理工作中，除了外在的一些注意事项，还有学生自身的一些问题，比如沉迷于网络这一问题。高校学生的学习时间分散，好多时间都是由学生自己支配的，但是一些高校学生的自控力差，容易被外界的事物吸引，而网络游戏就是其中一个。沉迷于网络不仅会影响学生的正常学习，还会损害他们的身心健康，不利于他们的健康成长。

（二）提高高校学生安全管理工作的措施

1. 广泛开展安全教育，全面树立安全意识

在高校的学习和教育中，始终要重视安全问题。进行安全教育的目的在于让学生能够辨别哪些属于安全隐患，并能够在日常生活和学习中注意避免。比如扫二维码送礼品的问题，在安全教育中首先要让学生了解随意扫码的危害，使他们在日常生活中能够避免轻易暴露自己的信息。学校要针对学生容易遇到的安全问题定期开展讲座，提高学生的安全意识。

2. 开展有关的消防讲座

火灾有电的原因引起的，也有其他原因引发的，学校可以聘请相关的教师进行讲授，也可以请有经验的消防官兵进行讲解，请他们讲一些有关消防的实例。条件允许的话，可以在专业人员的引导下进行消防演练，掌握有序安全撤离的方法，并且可以培养学生临危

不乱的心理素质。

3. 创新高校学生管理理念，树立“以生为本”的教育思想

在新时代的发展背景下，高校学生的管理理念也应该跟上时代的步伐，树立“以生为本”的教育思想。在对高校学生进行安全管理的时候，要对学生的安全负责，同时也要从学生的根本利益出发。例如，宿舍安全用电的一些条例，在保证学生正常用电需要的基础上，禁止一些大功率电器的使用，以保证宿舍楼的用电安全。与此同时，对高校学生的安全管理工作也要根据本校学生和学校的实际情况，具体而人性化地制定相应的安全管理办法，贯彻“以生为本”的教育思想。

4. 加强网络使用管理，引导学生健康上网

网络已经融入我们生活的各个方面，一方面，网络丰富和便利了我们的生活；另一方面，虚拟网络世界也对青少年充满了诱惑，致使一些学生沉迷其中无法自拔。身为高校的安全管理工作者应该注意到这一点，加强网络的使用管理及网络教育课程的学习，引导学生健康上网，而不再沉迷于虚拟世界。

二、高校学生资助管理

全国高校的招生名额随着高等教育的体制改革而不断增多，随着总体数量的增加，各大高校中经济困难学生的数量也在不断增加，同时高校学生资助管理工作中出现的问题，引起了社会各界人士的关注并受到热议。有专家学者认为，国家要加大贫困学生的资助力度，确保其完成学业。早在 2007 年，国务院就针对这个问题发布了相关意见，并且提出要将国家、企业、个人等各种资助方式结合起来对贫困学生进行奖、贷、助、补、减等多种方式资助，目的是建立更加完善的高校贫困学生资助管理系统。

（一）高校经济困难学生和学生资助的概念

高校经济困难学生从字面意思上来看就是家庭贫困的学生，在很长一段时间里一直是以“贫困生”来称呼，2005 年国家颁布的相关文件中，将“贫困生”改为“经济困难学生”，近年来这一称呼被广泛传播和应用。在《高等学校学生资助政策简介》中，高校经济困难学生是指学生本人及家人在力所能及的范围内不能筹集到能够满足学生在校期间的生活和学习所需要资金的学生。

学生资助则是指政府、学校以及社会团体和私人将国家法律法规以及相关政策作为根本依据和指导并由特定机构或者人员实施，其最终目的是帮助学生顺利完成学业的各种援助型社会活动的总称。

（二）高校学生资助管理面临的问题

1）高校经济困难学生评定结构不完善

目前来说，我国高校对经济困难学生进行评定的方法主要有以下两种。

第一，学生进入高校前，生源地提供的家庭经济问题情况证明。采取这种方式虽然在一定程度上降低了高校认定经济困难学生的难度，但由于其开具证明的一方并不是最后的出钱方，再加上国家并没有对这一证据开具的标准进行规范，因此造成开具证明随意且普遍的现象，证明的可信度也受到大众的质疑。除此之外，高校的学生来源于各个地区，每个地区的经济状况不一样，因此在具体经济条件上没有可比性，从某种程度上来说，提升了高校学生资助管理工作的难度。

第二，学生进入高校后，学校根据学生在学校的具体情况进行认定。这种方式比第一种方式更加贴合实际，但是在对学生的贫困情况进行评定时还是没有具体的标准，主要是依靠班干部的观察和学生之间的日常交流印象来进行评定，具有很强的主观性，因此整个评定过程相对而言也不是绝对科学、可靠和公平的。

综上所述，两种评定经济困难学生的方法都存在局限性，不能将学生的实际情况进行全面、科学的反映。另外，这两种方法都需要学生自身去申请，有部分家庭经济情况真正存在困难的学生并不愿意将自己的实际情况展现出来，普通同学和班干部在交流中不能了解真实情况，以至于在对经济困难学生进行评定时出现问题，导致评定结果缺乏公平性和可靠性。针对此问题，在了解学生的实际情况时可以进行多渠道、全方位、多角度的细致了解，选择适当的方式让学生自愿讲明自身家庭情况，进而让评判经济困难学生的结果能够公平、公正且准确，最终让经济困难的学生没有后顾之忧地顺利完成学业。

2）家庭经济困难学生的心理健康需要优化提高

家庭经济困难的学生与其他普通学生相比较为特殊，除了要面对经济压力，还要应对多样化的环境刺激，以及受到社会中多元化的价值观念以及复杂的人际关系等多方面因素的影响，以至于很多高校家庭经济困难学生存在自卑和消极心理。具体来说，家庭经济困难的学生一般都背负着一个家庭的希望，他们坚信“学习能够改变未来”，但是在步入高校后发现，优秀的人除了学习成绩优秀，其他方面也不差，现实的大学生活也不是自己想象中的样子，在和同学的日常交往中发现了生活方式的差异，长此以往高校经济困难学生的心理就会发生消极变化。

3）家庭经济困难学生的资助管理信息系统有待完善

随着科学技术的发展，可以在高校学生资助管理中采用数字化对家庭经济困难学生的资料进行加工，具体包括以下几个方面：①建立学生资助管理制度；②政府和教育部门制定学生资助政策；③建立受资助学生个人信息档案；④明确资助管理业务申请和受理审批流程。近几年来，政府和教育部门对家庭困难学生的资助管理工作日益重视，对学生资助管理网也进行了开发，但是在高校的普及率还不高。为了让学生资助工作更加顺利高效，建立学生资助管理信息系统是十分有必要的。

4）家庭经济困难学生的帮扶途径缺乏

现阶段，对于家庭经济困难学生采取的经济资助主要包括助学贷款、助学奖金和勤工俭学，除了经济方面的援助部分，高校还有“励心、助志、力行”教育的心理咨询服务帮助。在进行经济层面的资助时，想要公平、公正就要回归到对经济困难学生的评定上，要采取多样化的有效方法开展评价。

目前我国提供的多样化的经济援助基本上可以解决学生上学难的问题，但是这仅仅是经济方面的表面化，高校人才的培养应该是全方位的，因此只解决上学难是远远不够的。家庭经济困难学生的问题往往是多方面的，在高校培养人才目标的实现上还有许多不足的地方。总而言之，受教育的机会是人人平等的，但是由于一些原因，部分人不能享受这个机会，这时就要集结全社会的力量助力人人受教育的根本目的的实现。

综上所述，现阶段的高校学生资助管理依然存在一些问题，还有需要改进和优化的地方。在对学生进行经济援助的时候，让学生通过自己的力量来获得报酬的勤工俭学是一个不错的方式。此举不仅能够培养学生自立自强的品质，还能够维护学生的自尊心。因此，高校应该重视勤工俭学，并不断扩展其范围和渠道，让经济困难学生不仅能得到资金援助，还能锻炼身心。除此之外，还要重视提高经济困难学生的心理素质，主要通过“励心教育”，让学生在教育中摆脱原生家庭经济困难带来的阴影，丢掉自卑、缺乏自信的消极心理。需要明确的是，学生资助管理不仅是一个教育问题，从大的方面来看，还与社会的和谐稳定有关。因此，做好高校学生资助管理工作不仅是高校实现教学目标的需要，更是社会发展进步的需要。

第四章　高校学生管理工作的基础性探究

高校的大规模扩招、高校学生群体的日益壮大、高校学生的思想观念日益复杂，这些问题都给高校学生管理工作带来了新的问题和挑战。面对当前社会发展形势，如何调整传统的管理方法和管理模式是当前高校管理工作者面临的新课题。本章重点探讨了高校学生组织与干部管理、高校学生制度与体制管理以及高校学生自我管理与民主管理等内容。

第一节　高校学生管理工作的内容

一、健康服务与安全管理

（一）安全教育

我们都知道，安全对于任何地区，不管是学校、各种机构还是工作场合来说都是非常重要的，这一点在一些工程性的工地中更能明显地体现出来。学校是人员密集的场所，所以校园中对于学生的安全教育是绝对不能少的。

对于工作流程中记录表的记录要点，我们要对其进行详细的记录，其内容主要包括教育活动主题与活动效果两个方面。

除此之外，我们还要准备学生安全教育材料，对相关的安全教育做总结。

（二）意外伤害类事件处理

在我们日常的生活中谁也不能保证我们每时每刻都是安全的，我们在乘坐交通工具出行或者是在工作场合中都可能出现一些意外事故，更别说学校这种人员密集的场所了。学校中发生一些意外伤害类的事件是我们所不能避免的，发生以后我们就要对其进行处理解决。

对于工作流程中记录表的记录要点，我们要对其进行详细的记录，其内容主要包括宣传主题与宣传效果两个方面。

二、纪律教育与行为规范

（一）学生的权益保障

学生的权益保障主要表现在两个方面：一是学生在学习生活中的诉求处理，二是学生违纪处理的申诉。

在学生的日常管理中，有时我们会遇到学生生活中的诉求，对于这些情况的处理，我们要遵循一定的流程。

对于工作流程中记录表的记录要点，我们要对其进行详细的记录，其内容主要包括学生诉求类别与学生联系方式两点。

除此之外，我们还需要准备学生申请与处理结果。

（二）学生的退学处理

通常情况下，学生退学需要遵循一定的流程，即申请退学办理的流程，但是在实际工作中，会遇到因不同原因而退学的学生，其在处理过程中会有一些差异。

对于工作流程中记录表的记录要点，我们要对其进行详细的记录，其内容主要包括学生及家长联系方式与学院处理建议两点。

除此之外，我们还需要准备学生退学申请材料与退学决定文件。

1. 生病退学处理

对于因生病而退学的学生来说，在办理退学的过程中要遵循一定的流程。

2. 学时学分退学处理

对于因学时学分原因而退学的学生来说，在办理退学的过程中要遵循一定的流程。

三、民族学生服务与管理

（一）日常事务服务

在日常事务服务中，如表 4-1 中所示的事项需要我们在处理的过程中着重注意。

表 4-1　处理注意事项

承办人员	学生工作处大学生管理中心
相关单位	后勤处、各学院（课部）
实施对象	全日制普通本科民族学生
实施期程	全年实施，一个月内办结
相关法规	《国务院关于深化改革加快发展民族教育的决定》

续表

注意事项	要认真掌握了解民族学生需求； 要掌握科学的工作方法，耐心解释说明
办理方式	深入民族学生群体，了解民族学生切实需求； 及时回应民族学生的需求，联合相关部门协调处理合理需求； 及时将处理结果向民族学生反馈说明

（二）学生活动管理

在学生活动管理中，表 4-2 中所示的事项需要我们在处理的过程中着重注意。

表 4–2　处理注意事项

承办人员	学生工作处大学生管理中心
相关单位	保卫处
实施对象	全日制普通本科民族学生
实施期程	全年实施，一周内办结
相关法规	《国务院关于深化改革加快发展民族教育的决定》
注意事项	要密切关注安全稳定，防止意外事件的发生； 活动开展要注意履行节约，不铺张不浪费
办理方式	学工处管理中心负责民族学生活动方案的审批及活动监督； 保卫处负责对活动方案进行安全审核，活动过程中保障民族学生活动正常开展，对紧急情况进行处理； 总结活动成果，加强活动宣传

对于工作流程中记录表的记录要点，我们要对其进行详细的记录，其内容主要包括活动主题、活动时间与活动开展的场所三个方面。

除此之外，我们还需要准备民族学生活动申请材料、活动考评材料与活动宣传报道。

四、学生住宿服务与学园管理

（一）学生宿舍文明建设

1. 日常文明检查

在日常文明检查中，表 4-3 中所示的事项需要我们在处理的过程中着重注意。

表 4-3　处理注意事项

承办人员	学生工作处大学生管理中心
相关单位	各学院（课部）、后勤保障处、保卫处
实施对象	全日制普通本科生
实施期程	全年实施，每两周开展一次
相关法规	《中国地质大学（武汉）本科生住宿管理办法（修订）》
注意事项	要耐心做好学生沟通解释工作； 积极与各部门相互配合，发现隐患及时处理； 检查要做到公平公正
办理方式	学生管理中心组织人员到宿舍走访检查，发现问题及时向相关学院、部门反馈处理； 学院针对检查发现的问题，加强学生教育和管理，配合学工处、保卫处查处学生违纪行为，定期安排老师到宿舍走访查看； 保卫处负责维护学园住宿秩序，调节学生纠纷，排除安全隐患； 后勤保障处负责处理检查发现的物业管理及维护问题

对于工作流程中记录表的记录要点，我们要对其进行详细的记录，其内容主要包括检查人员的安排与问题的处理结果两个方面。

除此之外，我们还需要准备学生宿舍文明联检简报与日常走访的记录。

2. 假期宿舍综合检查

在假期宿舍综合检查中，表 4-4 中所示的事项需要我们在处理的过程中着重注意。

表 4-4　处理注意事项

承办人员	学生工作处大学生管理中心
相关单位	校长办公室、各学院（课部）、校团委、保卫处、后勤保障处
实施对象	全日制普通本科生
实施期程	五一、国庆、元旦等重大节假日前一周
相关法规	《中国地质大学（武汉）本科生住宿管理办法（修订）》
注意事项	参加人员要认真负责，发现问题及时登记汇报； 佩戴工作证文明检查，认真听取学生意见，耐心解答学生问题； 各部门、学院针对学生宿舍存在的问题要及时处理

续表

办理方式	校长办公室通知校领导及学工处、各学院、研工部、校团委、保卫处、后勤保障处等相关部门召开动员大会； 参加检查人员按检查方案查访宿舍楼，并将检查情况报管理中心； 管理中心汇总检查结果，编制简报，发现问题及时处理或向相关部门反馈

对于工作流程中记录表的记录要点，我们要对其进行详细的记录，其内容主要包括检查人员的安排与检查结果两个方面。

（二）学园事务管理

1. 信息报送管理

在信息报送管理中，表 4-5 中所示的事项需要我们在处理的过程中着重注意。

表 4–5　处理注意事项

承办人员	学生工作处大学生管理中心
相关单位	保卫处、各学院（课部）、后勤保障处、校医院
实施对象	学工处信息员
实施期程	全年实施
相关法规	《中国地质大学（武汉）学生安全管理规定》
注意事项	日常工作中注意搜集并反馈学生的思想行为动态及突发状况； 时刻保持学园信息通道的有效、及时、通畅； 遇到突发紧急情况要求第一时间向学工处汇报，并及时通知相关学院、部门
办理方式	信息员实时关注学园各方面情况，一般信息报学园办公室处理，重大信息直接报学工处管理中心； 管理中心及时对信息进行研判处理； 信息涉及相关部门时，要及时进行沟通处理协调

2. 工作队伍建设

在工作队伍建设中，表 4-6 中所示的事项需要我们在处理的过程中着重注意。

表 4–6　处理注意事项

承办人员	学生工作处大学生管理中心
相关单位	各学院（课部）
实施对象	全日制普通本科生
实施期程	全年实施
相关法规	《中国地质大学（武汉）学生园区兼职辅导员管理规定》

续表

注意事项	选拔高素质、能力强、立场坚定、责任心强的学园干部； 要明确职责和分工，充分发挥园区的自主性和创新性； 加强与各学院及相关部门的沟通交流，形成工作联动； 对学园应综合考评，结合日常工作表现、态度、学院部门意见等
办理方式	管理中心通过授课开展业务培训； 各学园按学工处的相关要求，创新自主地开展各项工作，每月将工作情况向学院及相关部门汇报交流； 年度考评采取 PPT 工作汇报方式，学院及部门领导评分

对于工作流程中记录表的记录要点，我们要对其进行详细的记录，其内容主要包括走访交流情况与学园流动红旗记录两个方面。

除此之外，我们还需要准备学园工作年鉴与年度优秀学园、优秀兼职辅导员表彰决定。

第二节　高校学生群体组织与干部管理

一、高校学生群体组织

（一）高校学生群体组织的意义

组织是按照一定的目的和系统组织起来的团体，或者说把具体任务或职能相互联系起来的整体。组织是按一定的目标所做的系统的安排，包括权力分配与责任划分、人事安排与配合，以达到共同的目的。

无论是正式组织还是非正式组织，尽管其结构形式不同，活动内容也不同，但它们仍有其共同点，即职责（或权力）等级和任务的分工，都是一种开放性、适应性的系统。

所谓高校学生群体组织是指专业、年级、班级等不同系统为培养德、智、体、美、劳全面发展的建设者和接班人这样一个共同目的而组织起来的领导团体，如学生党支部、团总支、学生会、班委会等。与其他组织相比，学生组织有其共同点，但更具有自身的特色。

第一，权力范围小。学生群体组织同样要进行职责划分和任务分工，但其权力范围要比一般组织小得多，不与社会生产及其他经济活动发生直接的联系。学生干部虽然参与政治和行政管理活动，但没有直接制定政策的法定任务和权力，主要是执行。

第二，成员变动大。学生组织成员变动较为频繁，任职时间最长的也只有三年或四年，一般情况下，任职时间为一至两年。这是由高校学制期限规定的。

第三，系统性强。除了校级学生组织跨系统，其他学生组织均以系、专业、年级和班级为系统建立，一般与高校党政组织设置系统相适应。

第四，服务性强。学生组织的主要任务就是贯彻、落实和执行高校党政领导部门所下达的各项具体任务，直接为学生的政治思想活动、业务学习活动、文娱体育活动等服务。此外，其服务性强还表现在学生所做的工作只是奉献和义务，没有任何报酬。

第五，民主性强。通常情况下，学生组织都是由民主选举直接产生的，没有任命制，只有个别或少数的采用聘任制。

（二）高校学生群体组织的设置

高校学生群体组织的设置必须遵循以下两条原则。

第一，精干的原则。精干的原则是高校学生群体组织设置所必须遵循的，不然很容易产生人浮于事的现象，从而造成人力、物力和财力的浪费，工作效率不高。但是把精干原则理解为越少越好，造成不能完成工作，同样不符合精干原则的要求。因此，必须正确理解精干的原则所包含的两个方面的含义，即质量和效果。所设置的学生组织，既要在数量上满足工作的需求，又要在质量上满足工作的需要。这里所谈的数量和质量又分别有两个含义：数量是指工作任务量和干部成员的多寡，质量是指干部成员的素质和完成工作任务的质量，二者必须有机结合。

第二，统一的原则。组织结构完整严谨，职责划分合理，内部分工明确，协调配合得当，是统一原则的主要内容。具体要求如下：一是把同一类工作任务归口于某一学生组织或部门管理；二是专人专职负责，职责相称；三是指挥灵活，信息沟通渠道畅通；四是各部门之间经常性地交流信息、互相配合。总之要做到高校学生群体组织设置科学、结构合理、上下沟通、信息灵敏，才能极大地提高工作效率，达到预期的目标。

具体来说，高校学生群体组织设置具体如下。

（1）学生党支部。高校一般是以专业来划分系（部）的，再根据招生规定划分不同的年级，年级下设学生班。高校建立学生党支部要与学生行政组织相对应，把党支部建立在系、年级或班上。这样与行政建制相对应建立起来的学生党支部，使党支部的成员与本班、本年级的同学朝夕相处，熟悉情况，有利于党支部在学校各项中心工作中发挥政治核心作用；有利于党支部起到党密切联系广大同学的桥梁和纽带作用，经常了解同学的思想状况，反映同学的意见和要求，有效地做好同学思想政治工作，进一步密切党群关系；有利于具体指导和帮助团支部、班委会开展工作，提高工作效率。

（2）团总支。一般来说，团总支以系（部）或年级为单位设置，团支部以学生班为单位设置。校团委的主要领导职务由专职干部担任，其委员大多由学生担任。团总支书记由青年专干担任，副书记和其他委员由学生担任。团支部书记和委员及团小组长均由学生担任。各级团组织成员的多寡，可根据高校实际情况来配备。团总支在接受校团委领导的同时，还要接受系党总支的领导。

（3）学生会。学生分会以系（部）为单位设置，所有学生分会及下属组织的成员均由学生组成。校学生会除了接受校学生工作处（部）的指导，还要接受校团委的指导和帮助。学生分会和班委会分别要接受团总支和团支部的指导和帮助。

（三）高校学生群体组织的作用

高校学生干部不是自发产生的，而是根据共同目标，按照一定的原则，在学校党委和各级党组织考察和培养的基础上，由广大同学或代表推选出来的。他们是贯彻执行党的教育方针和学校党委的决议和意见的骨干分子。他们的工作是高校党的思想政治教育工作的重要组成部分。

（1）高校学生党支部作为在学生中最基层的党组织，在贯彻执行党的路线、方针和政策的过程中，在发挥党支部的战斗堡垒作用和党员的先锋模范作用方面，在密切联系同学、经常了解学生党员对学校党组织工作的批评和意见、尊重同学的合理化建议、关心和爱护同学、帮助他们提高思想觉悟和努力学习方面，在教育和支持其他学生组织积极开展工作、努力为同学服务方面，在维护校规校纪方面等，起着十分重要的作用。

（2）高校共青团组织是中国共产党直接领导下的先进青年的群众组织，是广大青年在实践中学习共产主义的学校，是中国共产党在高校中的得力助手和后备军，它的一切工作都是围绕党的中心工作开展的。在贯彻执行党的教育方针，把高校建设成为社会主义精神文明坚强阵地的工作中，在造就社会主义事业接班人的伟大工程中，在为我党培养和输送合格后备军的伟大实践中，有着其他组织不可替代的地位和作用。

（3）高校学生会是中国共产党领导下的中华全国学生联合会在高校的基层组织，是党联系广大同学的桥梁和纽带。它在团结教育广大同学为振兴中华刻苦学习、全面发展，维护校园安定团结、建设校园民主、丰富广大同学文化生活、维护广大同学的合法权益、用党和人民的要求规范同学的行为、培养广大同学的严格的组织纪律性等方面，同样有着不可替代的地位和作用。它是高校思想政治教育工作的重要组成部分。

高校学生干部生活于广大同学之中，与广大同学有着密切和最广泛的联系，最了解、最清楚，也最易于掌握同学的思想状况。因此，对于广大同学来讲，学生干部最有发言权。但了解同学不等于就能当好学校党的工作人员的得力助手。学生干部要充分发挥学校领导联系广大同学的桥梁和纽带作用，当好助手，必须做到：主动关心同学的学习和生活，注意倾听他们的呼声，并及时向学校各级组织反映。对于广大同学正当的需求，要尽最大的努力去满足；对于不正当的或暂时不能满足的需要，要耐心细致地加以解释，做好思想政治教育工作。

二、高校学生干部管理

（一）高校学生干部与高校学生干部工作

帮助学生干部认识自己所扮演的角色及其特点，有助于其带头作用、骨干作用和桥梁作用的发挥，把同学紧密地团结在一起，勤奋学习、刻苦钻研、锐意进取，成为社会主义建设事业的合格人才。

1. 高校学生干部

（1）学生干部的含义

高校学生干部虽然与一般领导干部有着较大的区别，但仍然具有一般领导干部的本质属性。因此，高校学生干部就是充分调动学生的积极性和创造性去努力实现培养德、智、体、美、劳全面发展的建设者和接班人这一宏伟目标的集体成员或个人。

（2）学生干部的特点

一是队伍庞大。依据高校学生群体组织的设置要求，所配备的学生干部人数众多，一般要占学生总人数的三分之一以上。这一特点是由高校学生活动内容广泛而丰富的内在联系所决定的。

二是人才齐备。高校学生干部是经过高考筛选后再筛选，来自全国各个地区的学子，有能歌善舞的，有酷爱美术和体育的，等等。这为高校学生干部顺利、生动地开展工作提供了十分优越的条件。

三是热情高涨。高校学生干部都是 20 岁左右的热血青年，体力、精力充沛，思想上对未来充满美好的憧憬，敢想、敢说、敢为。

四是贴近学生生活。由于客观环境的作用，高校学生干部始终与学生同吃、同住、同学习，朝夕相处，形影不离。学生干部最了解学生，学生也最了解学生干部。学生干部的举动，学生都看得清清楚楚，这给学生干部工作带来了许多方便，可以使其及时地了解同学的利益要求、思想动态等，以便制订出有效的工作计划，采取有力的工作措施，可以使学生干部的工作直接接受学生的监督和检查，及时修正工作中存在的不足或失误，以便把工作做得更好。

2. 高校学生干部工作

（1）高校学生干部工作的含义

高校学生干部和高校学生干部工作是两个既有联系又有区别的概念，不能混为一谈。高校学生干部工作是指高校学生干部运用一定的工作技巧和方法，按照一定的职责权利范围，充分调动本校或系或班或小组同学的积极性和创造性去努力实现培养德、智、体、美、劳全面发展的建设者和接班人这一宏伟目标的过程。这个过程包括确立目标、预测决策、制订计划、指挥执行、组织协调、指导激励、沟通信息、监测反馈、过程调控、工作评估等。

（2）高校学生干部工作的特点

一是执行性。高校学生干部和其他学生一样都是学生，处于受教育阶段，在法律方面还没有承担高校管理决策的社会责任，尚缺乏应有的高校管理决策能力，因而，高校学生干部虽然要积极参与学校的管理活动，但不能做最后的决策。所以，高校学生干部工作的重要任务是贯彻执行和落实学校党政领导下达的各项工作任务。当然，在保证执行、贯彻和落实学校党政领导下达的各项工作任务时，高校学生干部要积极思考，富有创造性，采取各种行之有效的方式和方法去完成它。

二是广泛性。高校的一切工作都是围绕学生展开的，又要通过学生干部工作这一环节落到实处，因而，高校学生干部工作必然要涉及高校工作的各个方面，从而使其内容丰富而广泛。从总体上来讲，高校学生干部工作包括思想政治教育工作和日常事务管理两大方面。具体来说，在思想政治教育工作中，高校学生干部要组织经常性的大量党团政治活动，诸如政治学习、讨论，发展党员和团员，举行各种寓教育于活动的竞赛以及做好大量的经常性的个别思想教育工作，等等。在日常事务管理中，高校学生干部要抓校风校纪的建设、业务学习、文体活动、生活卫生等。

三是具体性。高校学生干部工作十分具体。例如，落实学校领导下达的开展“学雷锋户外活动”的具体任务时，学生干部要制订详细的计划，把“学雷锋户外活动”的具体任务分派到人，并且自始至终地参加活动的全过程。

四是复杂性。高校学生干部所做的一切工作都是要求同学按照学校的要求和规范去做，而人的行为是受思想支配的，这就是说，要使同学按照学校的要求和规范去做，必须做好同学的思想工作。人的思想活动具有极大的隐秘性，而要打开学生的心灵之窗并非易事。此外，大学生（当然包括学生干部本身在内）的世界观还不成熟，缺乏观察、分析周围事物的正确方法，因而纷繁复杂的社会现象反映到学生脑子里，就会产生各种正确的和不正确的思想观念。要帮助同学去掉头脑中那些不正确的思想观念，就必须找到产生不正确思想观念的根源。然而，往往由于人的思想活动的隐秘性特点，很难做到这一点，使得高校学生干部工作呈现出复杂性。

五是周期性。由于高校学制的制定和学期的划分，相应地高校学生干部工作具有明显的周期性，且周期短，一般为一个学期或一个学年度。但是，研究学生干部工作的周期性时必须注意，这种周期性的活动不是简单的圆周运动，因此，每一个工作周期到来时，在认真总结经验的基础上，要不断地分析新情况，研究新问题，采取新的方式和方法做好新的工作。

3. 高校学生干部工作是教学与管理工作的重要组成部分

（1）高校教学工作中不可缺少的部分

教学质量与人才质量紧密地联系在一起，提高教学质量是高校的主要工作之一。加强教学管理是提高教学质量的有力保证，而高校学生干部工作是具体实施教学管理措施的有力保证。

第一，维护教学秩序。教学活动十分具体而又频繁，只靠学生干事和辅导员以及任课老师远远不够，大量的具体细致的管理工作则依赖于学生干部。如果离开学生干部的努力工作，就很难保证教学活动的有序性和教学质量的提高。

第二，沟通教学联系。在教与学的过程中，一方面，学生会时常碰到这样或那样的疑难问题需要解决；另一方面，教师为了提高教学水平，也需要了解学生对教学工作的意见和要求。因此，客观上要求及时沟通教与学之间的联系。此间，学生干部扮演着及时沟通教与学相结合的重要角色，从而使教与学双方得到有效沟通，及时解决学生学习上的疑难问题，提高教师的教学水平，保证良好的教学质量。

第三，促进良好学风的形成。学生干部组织广大学生开展一些学术研究活动，培养广大学生的学术研究兴趣和能力，同时，组织广大同学开展一些有益于教学工作的活动，如百科知识竞赛、学习竞赛、学习经验交流、师生恳谈等。这些活动的开展，对形成良好的学风，无疑是不可缺少的。

总之，高校学生干部工作在教学工作中，对于维护教学秩序、沟通教学联系，形成良好学风、提高教学质量有着不可替代的作用，是高校教学工作中不可缺少的重要组成部分。

（2）高校管理工作中不可缺少的部分

1）弥补学校管理工作中的人员不足。良好的校风和良好的校园秩序的形成离不开严格的管理，二者之间相辅相成、互为因果。广大学生是良好的校风和良好的校园秩序的直接体现者。要管理好由不同民族、不同风俗习惯、不同性别等组成的大学生群体，使他们养成良好的习惯，自觉维护校园秩序，光靠学校专职行政人员和老师显然是不够的，也是不切实际的。因此，大量的行政管理工作需要学生干部去承担。学校的规章制度需要学生干部去实施、去落实，特别是在学生自我管理方面，学生干部工作显得尤为重要。对于这些工作，学生干部则完全有能力来承担，因为学生干部有着庞大的队伍，占学生人数的百分之三十以上，可以弥补学校管理工作人员的不足。

2）弥补学校微观管理的不足。对于学校来说，要把学生在学习、生活等方面的规章制定得十分完整而具体是很困难的。一般来说，学校只能从宏观上做出较全面的规定，在微观上就要求学生干部做出有力的补充，这种补充主要体现在以下两个方面。

第一，创造性地执行学校的规章制度。要根据实际情况，如不同专业，不同年级，不同性别，不同生活习惯，不同特长、爱好、兴趣，等等，在保证执行学校规章制度的前提下，制定出符合学生实际情况的实施细则，使学校规章制度落到实处。

第二，及时调控宏观管理。宏观管理的依据，归根到底来自实践。学生干部较之学校行政干部来说，对学生的实际情况要了解得多，而且学校宏观管理终归是为同学服务的。因此，学生干部及时向学校反映学生中的情况变化，可弥补学校调控宏观管理时的信息不足。

（二）加强高校学生干部管理的途径

高校学生干部提高自身的素质既是履行好自身职责，完成学校交给的各项任务的首要条件，也是把自己培养成为社会主义事业接班人的内在要求。接受学校有系统、有计划、有目的的组织教育与考核是学生干部提高基本素质的一条重要途径。怎样对学生干部进行有效的组织教育和全面的考核，加强学生干部的管理，也是摆在高校思想政治工作者面前的一个重要课题。

1. 加强组织教育

高校学生干部既是干部，又是学生，其成长与进步同样离不开学校组织的教育与帮助。因此，高校学生干部必须接受有系统、有计划、有目的的组织教育。当然，学校各学生工作部门也应该注意，不能仅使用学生干部而忽视对他们的教育。学校应把通过组织教育来提高学生干部的基本素质纳入工作计划，作为培养合格的社会主义接班人的重要组成部分，从政治思想、理论修养、工作常识、基本技能等方面对他们进行全面、系统的培训。

（1）马列主义理论教育

高校学生干部是党在高校做好学生思想政治工作的得力助手，因此学生干部自身要有扎实的马列主义理论基础。学校方面可以采取举办学生干部理论学习班等方式对他们进行行之有效的培训和辅导。对于学生干部中要求入党的积极分子要及时组织相关学习，使之接受更为系统、深入的马列主义理论教育。

在学习马列主义理论的过程中，学生干部应该紧密联系大学生的思想实际，避免为理论而学理论的现象。学生干部要从实际运用的目的出发，有针对性地、创造性地学习马列主义、毛泽东思想、邓小平理论及习近平新时代中国特色社会主义思想；能够运用这些理论去正确地分析、处理工作中遇到的实际问题，善于用实践的观点、理论联系实际的观点、矛盾的观点、一分为二的观点等来指导自己的工作，以增强工作的正确性与艺术性。

（2）世界观、人生观和价值观教育

高校学生干部要完成好自己的使命，除具有坚定的政治立场、较好的马列主义理论素养外，还要树立正确的世界观、人生观、价值观。这些思想观念的形成固然要靠学生干部自己在平时的学习、生活、工作中去自觉训练和加强，积极参加学校组织的有目的、有系统的教育和引导，较快和较好地树立起正确的世界观、人生观和价值观，从而对人生、对社会乃至整个世界的各种现象持有正确的观点和态度。在这方面的教育与引导中，既可以采取讲座、报告会等方式集中统一地进行理论疏导，也可以采取观看电影电视、阅读文学作品、参观访问等方式进行情感熏陶。思想观念的教育只有与情感熏陶并进，才能收到较好的效果。

思想观念的教育与引导要有针对性。通过人生观及价值观的教育，学生干部要对自身工作的意义有进一步的正确认识，增强工作责任感，正确处理奉献与索取的关系，克服当干部怕苦怕累的思想。树立了正确的人生观与价值观，学生干部就会从艰苦、复杂的工作中品尝到无穷的乐趣，就可以从为广大学生服务中品尝到助人为乐、无私奉献的甜蜜。

思想观念的教育与引导最后的落脚点是学生干部要树立远大的共产主义理想、坚定的共产主义信念和高尚的共产主义情操。高校学生干部肩负着十分特别的历史重任，在大学学习期间是党在高校各项工作中的得力助手，毕业后将成为社会主义事业各条战线上的政治骨干与业务骨干，是党的干部队伍建设中一支不可忽视的后备力量。因此，学生干部必须认识到树立远大的共产主义理想和坚定的共产主义信念、培养高尚的共产主义情操，是社会主义向前发展对青年一代提出的必然要求。同时，这也是高校教育和培训学生干部所要达到的一个重要目的。学生干部与其他青年人一样，在成长发展过程中，易受外界因素的干扰，其理想、信念和情操也将会发生波动和反复。因此，一方面，学生干部要充分认识这一特点，自觉克服自身的弱点；另一方面，学校也要注意帮助学生干部及时排除外界的干扰，特别是注意引导他们正确认识风云变幻的国际形势。

（3）常识教育与技巧训练

学生干部工作的效果与其所掌握的工作常识及工作技巧与方法是密切联系在一起的。学生干部接受学校系统、全面的工作常识教育和基本的工作技巧与方法的训练是十分必要的。

第一，掌握党支部工作的基本知识与方法。学生党支部的干部要熟悉党章，对党的基本知识要有全面的了解，要懂得党务工作的一些基本知识，因此要积极参加学校党组织举办的专门培训。此外，还要注意学会做细致深入的思想政治工作，善于了解他人、关心他人，及时发现问题，及时解决。只有这样，才能充分发挥每一个学生党员干部的作用，把学生紧紧团结在党的周围。比如，发展大学生入党是一项艰巨而又重要的工作，它要求学生党支部的干部认真做好入党积极分子的培养与考察工作，这也就是要求学生党支部的干部要熟练地掌握党员发展工作的基本知识。因为不懂得发展党员的基本知识，就不可能积极稳妥地做好党的组织发展工作，特别是不具备做深入细致的思想政治工作的能力，就不可能准确把握要求入党的积极分子的入党动机，组织发展工作便不可能有效地开展。所以说，学生党支部的干部要在学校党组织的专门培训下，熟练地掌握好党支部工作的基本知识和工作方法与技巧，充分发挥学生党支部的战斗堡垒作用。

第二，掌握共青团工作的基本知识与方法。共青团系统的学生干部要熟悉团章及团的基本知识，要善于把握青年工作的特点，善于团结号召青年。学校团组织要积极创办业余团校和团干部培训班、举行团干部经验交流活动等，为全面提高学生团干部的基本素质广辟途径，尤其是要注意为学生团干部提供团内实践活动的良好环境。学生团干部要在学校团组织的培训下，努力学会做青年大学生的知心朋友，善于把握青年人的思想脉搏，善于做深入细致的帮教工作，及时向党组织反映青年人的思想、意见和要求，使自己真正成为党在高校各项工作中的得力助手。

第三，掌握管理工作的基本知识与方法。学生会、班委会及其他社团学生干部的培训应该紧密结合各自的工作职责、工作对象的特点来进行，重点是提高管理水平，增强组织、指挥与协调能力，以便学生干部在学校管理、校园文化、体育活动等方面充分发挥各自的作用。

2. 加强组织考核

组织考核是提高学生干部基本素质的又一有效途径。它可以帮助学生干部及时发现自身的不足，正确对待所取得的成绩，从而扬长避短，全面发展。考核学生干部素质的途径很多，一般可分为学校组织考评、学生干部自评、学生考评三种，但应以学校考评为主。考评学生干部基本素质的内容有很多，但应以考评思想品德和心理能力素质为主。

（1）思想政治素质的考核

考核学生干部思想政治素质的方法有很多，但其中最有效的途径是对学生干部的实际工作进行认真的观察和分析，透过现象把握其政治立场、观点、态度、世界观、人生观和价值观等。对于具有较好的马列主义理论水平，并善于在工作中运用马列主义的立场、观点与方法去分析和处理问题的学生干部，要肯定他们的成绩，并帮助他们进一步提高。对于马列主义理论基础还较差，在实际工作中一时还不能很好地运用马列主义的立场、观点与方法去分析问题的学生干部，要指出他们的不足，并及时进行帮助。

对于那些在政治立场、观点、态度等方面与党的要求相背离的个别或极少数学生干部，要坚决地把他们从学生干部的岗位上撤换下来，并对他们的错误言行进行严肃的批评和教育。对于学生干部中存在的其他方面的不良现象及不正确的思想言论要认真地分析和教育，帮助他们澄清思想、端正认识。实事求是地考核学生干部的基本思想政治素质既有利于学校增强对学生干部培训工作的针对性，以及准确地选拔和使用学生干部，又有利于帮助学生干部正确地认识自己、了解自己，并从中受到教育，进而提高自身的思想政治素质。

（2）品德素质的考核

学生干部要履行好职责，除了要有坚定、正确的政治立场，还要有优良的品德素质。高校党的组织、领导及教师应该对学生干部的品德素质进行经常性的考核，及时发现他们的不足，并帮助他们克服，使其成为名副其实的骨干。

考核学生干部的品德素质要从工作作风、生活作风以及是否敢于开展批评与自我批评等方面入手，要注重在实践中考核。衡量学生干部是否有良好品德素质的标准归结起来主要有三条：一是态度，即在工作上是否肯干、积极、认真和负责；二是服务，即是否乐于把自己的长处与能力最大限度地用于工作，是否乐于奉献，乐于为全体学生服务；三是律己，即在学习、工作和生活中是否严于律己，以身作则，勇于抵制不良倾向。

对学生干部的品德素质做出实事求是的考评后，要将考评的结果通过适当的方式与途径反馈给学生干部，使他们知道自己的不足及存在的差距，帮助他们在工作实践中不断地提高品德素质。

（3）心理素质的考核

针对学生干部的心理能力素质状况，开展及时、有效的考核是十分重要的。学生干部在工作中经常会遇到许多矛盾，需要处理好各种复杂的关系，如学习与工作的关系等，如果没有丰富的情感和顽强的意志，就很难做到大胆开拓、勇于克服各种困难而创新。如果没有较强的指挥、协调能力，就不可能很好地把学生组织起来，也不可能得心应手地处理好各种具体的工作关系和矛盾。一个学生干部是否有顽强的意志、丰富的情感，是否有宽厚的胸怀承受各种打击，是否有熟练的指挥协调能力，都可以从他的具体工作中反映出来。

因此，学校领导和教师要注重从工作实践中考核评估学生干部的心理能力素质，才能对学生干部的心理能力素质有客观的评价，有的放矢地帮助他们在实践中锻造自己，逐步形成高强度心理能力素质。

第三节　高校学生制度与体制管理

高校学生工作专职教师在开展思想政治教育和管理工作时，必须建立一套系统而完整的制度。制度是要求人们共同遵守的办事规程。制度的建立，必须遵循一定的原则，不可随意而定。制度制定后，要有人来执行，就需要有良好的体制来保证。

一、高校学生制度

在我国古代，制度是法令、礼俗的总称。现在，制度通常是指关于整个社会组织或某一事项的整套的行动准则。

管理这种职能活动，是伴随着人类社会有组织活动的出现而产生的。凡有人群活动的地方，为了有序而又有效地组织生产、学习、工作和生活，必须制定出能够调整人们相互关系的行为规范或行动的准则，这既是管理的需要，又是管理职能的具体体现。高校学生思想政治教育和管理制度是高校学生的行为规范，因此，建立一套系统而完整的高校学生思想政治教育和管理制度是十分必要的。

（一）高校学生教育和管理制度的意义

我国高校的规章制度是党的优良传统和社会主义道德观念、行为观念、行为规范（国家法规）、是非标准等在高校学生日常工作、学习和生活等方面的具体体现。它是全体学生必须遵守的行为准则；是培养自觉的纪律性，培养共产主义道德品质和形成良好校风的重要手段；是实行科学管理，办好社会主义大学的重要保证。建立高校学生思想政治教育和管理制度，对办好社会主义大学具有以下几点意义。

（1）有助于充分发挥学生的积极性

大学肩负着培养社会主义事业的建设者和接班人的历史重任。为了完成这一光荣使命，高校就必须建立起符合大学教育工作客观规律、符合现代管理原理、充分体现党的优良传统和社会主义道德观念及行为规范的系统的高校学生思想政治教育和管理制度。这样就能把全校学生的积极性发挥出来，形成一种远比个人力量总和大很多的集体力量，办好社会主义大学。

（2）有助于建立正常的学习、工作和生活秩序

现在的大学，少则上千人，多则上万人，而且是一个多层次、多学科、多系统、多结构的复杂的综合体。高校学生工作专职人员要把每个成员的智慧和力量最优化地组合起来，就必须在加强政治思想工作的基础上，建立一整套规章制度，使学生有规可循、有矩可蹈，做到学习、工作和生活井然有序。

（3）有助于培养学生高尚的道德品质，形成良好的学风

社会主义的精神文明是社会主义的重要特征，是社会主义制度优越性的重要表现。思想建设决定着精神文明的性质，因此，培养学生具有马克思主义的世界观，共产主义的理想、信念和道德，有为人民服务的献身精神和以共产主义劳动态度建设科学的、与时俱进的高校学生管理制度，对培养学生高尚的道德品质和良好的学习、工作及生活习惯，无疑是意义重大的。

（二）高校学生教育和管理制度的基本要求

建立高校学生思想政治教育和管理制度必须符合以下几点要求。

（1）政策性

政策性是指高校学生思想政治教育和管理制度必须同党的路线、方针、政策和体现党的路线、方针、政策的国家的法律、法令、条例、决议、指示、规章、规程，尤其是党和国家的教育方针保持高度一致，而不能有丝毫的背离。党的路线、方针、政策和国家的法律、法令、条例、决议、指示、规章、规程等，是一个国家总的行为规范，是指导全局的，是制定高校学生思想政治教育和管理制度的依据。高校学生思想政治教育和管理制度则是党的路线、方针、政策和国家法律在高校学生日常学习、工作和生活诸方面的具体化。局部必须服从全局，否则就会迷失方向。

（2）整体性

整体性是指按照现代管理学观点，国家是一个系统，教育是属于国家的子系统，学校是隶属于教育的子系统，学校各部门是隶属于学校的子系统。系统是有组织、有层次的，各组成部分都是为了一个共同目标而形成的有机整体。高校学生工作专职人员必须树立全局观点，正确处理局部与全局的关系，正确处理学生的学习和课外活动的关系，以及团组织与学生会工作之间的关系等。在处理各种关系时，必须使整个系统处于协调状态，才能发挥整体的最佳功能，达到教育管理的最佳效果。

（3）民主性

民主性是指高校学生思想政治教育和管理制度必须符合广大学生的根本利益，并获得广大学生的积极拥护和支持。我国是社会主义国家，人民是国家和社会的主人，党和国家的一切政策、法令都是以是否符合广大人民群众的根本利益，是否获得广大人民群众的积极拥护和支持为最高标准的。一切损害人民群众根本利益的政策、法令或行为，必将遭到人民群众的坚决抵制和反对，失去立足点。学生是管理的对象，又是管理的主体，在制定学校规章制度时，必须从学生中来，到学生中去，广泛听取学生意见，做到集思广益，紧紧依靠广大学生把教育和管理工作做好。

（4）科学性

科学性是指高校学生思想政治教育和管理制度必须符合高等教育的客观规律。任何领

域都有其自身的规律，高校学生思想政治教育和管理制度也不例外，诸如教育和管理必须与学生的年龄相适应的规律，思想政治教育中知、情、意、行活动过程的规律等。一定要认识和严格遵守这些客观规律，才能实行科学管理，充分调动各方面的积极性。同时，还要善于借鉴现代科学管理理论，不断总结高校思想政治教育和管理经验，把行之有效的传统管理经验与现代管理理论有机地结合起来，才能不断提高科学管理水平，提升管理效率。

（5）教育性

教育性是指高校学生思想政治教育和管理制度必须对学生起到教育作用，即能培养学生社会主义道德观念、行为规范、思想品质和严谨、务实、开拓、进取的工作作风。这样，学生既有章可循，又有进取的目标，能够充分发挥规章制度本身的教育和激励作用。但是，必须指出的是，在规章制度的制定和实施过程中，必须坚持政治思想工作领先的原则，把启迪、疏导作为一条主线贯穿规章制度的全过程中，这样，规章制度的教育性才能充分显示出来。

（6）严肃性

严肃性是指高校学生思想政治教育和管理制度必须做到令行禁止、奖罚分明，对任何人都不例外，使学生的行为得到规范。在建立高校学生思想政治教育和管理制度时，应规范的都要规范，各级学生组织和个人必须严格执行。在执行过程中，严格按制度办事，不能时宽时严、时紧时松，坚决维护其严肃性。此外要注意，凡属将来才能规范的或者要创造条件才能规范的，就一定要留待将来或条件具备的时候再规范。只有这样，才能使制度有相对的持续性。

（7）可操作性

可操作性是指高校学生思想政治教育和管理制度应尽可能做到量化，制定出符合教育、管理实际的科学指标，并用分值表现出来。这样，不仅能使全体同学在实施的过程中做到心中有数，自觉约束自己，在检查处理时也能避免主观随意性。

上述基本要求，既有各自的独立性，又相互紧密地联系在一起。只有严格遵照这些基本要求制定的规章制度，才是经得起实践检验而又有强大约束力和教育意义的制度。

二、高校学生体制管理

（一）高校学生行政体制管理

建立一套完整的大学生行政管理工作体制是做好大学生管理工作的重要保证。高校的整个行政管理体制是一个大的系统工程，而学生行政管理体制只是整个系统工程中的一部分，或称为一个子系统。为了使整个学生行政管理工作能够跟上形势的发展，适应实际工作的需要，有必要对学生行政管理工作体制做进一步的分析，以加强体制的建设，逐步提高学生行政管理工作的水平。

1. 行政体制管理的历史与现状

（1）高校学生行政体制管理的内涵

为了正确认识学生行政管理工作体制的历史与现状，首先有必要正确地了解学生行政管理工作体制的内涵。简而言之，体制包含机构设置与权限划分两方面的内容。学生行政管理体制主要体现在学生行政管理工作的机构设置与权限划分两个方面。

在高校中，学生行政管理工作是学生工作的一个重要部分，而学生行政管理工作又可分为学生的教学管理、学籍管理、生活后勤管理、治安管理、课外生活和校园秩序管理等。因此，我们所讲的体制，不仅体现这些工作职能的权限划分，还应考虑为完成这些职能而建立的机构。所以围绕着对学生从入学到毕业的在校阶段的管理，围绕着对大学生学习、生活、行为规范而设置的机构与职能权限的科学划分，就是学生行政管理工作体制内涵的反映。

（2）高校学生行政体制管理的历史回顾

新中国成立初期，高校基本上实行“一长制”，高校的管理制度包括学生行政管理制度，原则上与当时企业的“三级一长”管理制度相同。学校是由校级、系级、年级（班级）三级组成，一长由校长、系主任、年级主任（班主任）在各级发挥管理职能。后虽几经反复，但在组织机构的设置上，基本上无重大变化，组织机构的基本形式是采取“直线职能参谋组织形式”。

当时，校级行政管理机构中无独立的学生行政管理部门，每个行政处均兼有管理教职工和学生的行政职能。例如，学生的教学管理由教务处负责；学生的生活管理由后勤系统的总务处负责；负责学校招生、毕业生就业的，各校又不尽相同，关于招生，有的学校由招生办公室负责，有的学校由教务处承担，而学生毕业就业，有的学校由教务处负责，有的学校由人事处承担；学生的学籍管理内容包括奖励与处分，由教务处的学生科负责。

系级的学生行政管理机构，主要由系办公室负责履行行政管理职能。年级（班级）没有专门行政管理机构，主要由政治辅导员充当学校中最基层的行政管理机构的代表。他们集教育、管理于一身，构成了学校最基层的学生行政管理机构。当然也有的学校在班级里配备了教务员，负责学生的教学行政管理工作。当时高校虽无专门独立的学生行政管理体制，但已具有的各级机构兼管学生行政管理工作，承担各种职能权限，形成了适合当时需要的学生行政管理体制。

（3）高校学生行政体制管理的现行模式

随着教育事业的发展，学生行政管理工作的体制不断完善。“文化大革命”结束后，高考招生制度的恢复、高等教育事业的不断发展使高校的规模得到了扩大，高校的领导体制，包括学生行政管理工作体制也发生了变化。从高校学生行政体制管理的变化看，可归纳为以下四种模式。

①行政体制管理机构呈散在模式。学生行政管理工作由学校各部、处及有关机构各司其职，实施行政管理的职能。这一模式，在校级、系级、年级（班级）三级组织机构设置方面，

沿袭历史上的“直线职能参谋组织形式”，一般来说，未增设新的行政管理机构。但在职能和权限划分方面，分权化的组织管理制度强化，促使整个行政管理工作有规律、有节奏地顺利运转。

②行政体制管理机构呈专兼模式。学校建立了学生处，成为学生行政管理工作的主体之一，而其他各有关部处，兼有学生行政管理职能，整个学生行政管理工作呈现专兼结合、齐抓共管的局面。这一模式，在校级建立了专门的、独立的学生行政管理机构——学生处。系级学生行政机构设置，各校情况不一，有的学校在系级设立了学生办公室，专门负责学生行政管理工作，有的学校系部行政机构设置维持原状。在年级（班级）基层组织一级仍由辅导员（或班主任）负责管理，少数学校在年级设立了学生办公室。

目前，全国有许多高校采用这一模式，在校级设立了学生处。但在学生处的职能和权限划分方面却不尽相同，大体上有以下三种情况：第一，学生处不仅负责学籍管理的全部行政工作，还作为职能部门负责奖励与处分，配合有关部门负责课外活动、校园秩序的行政管理，并承担每年的招生工作与毕业生就业工作。第二，学生处负责学籍管理中的大部分内容，还负责每年的毕业生就业工作，而招生工作则由招生办公室承担。有关学生的教学管理，如成绩考核与记载工作、升级与留降级工作等由教务处负责。其他的权限划分同第一种。第三，学生处除负责与第二种情况相似的职能外，还负责部分的生活后勤工作，如宿舍管理等。

③行政体制管理机构呈复合模式。学校在校级建立了学生部和学生处，部、处合一，实行“一套班子、两种性质”的工作模式，成为学生行政管理和思想政治教育的主体。这一模式，有的大学在系级设立了学生办公室，主管学生行政管理工作和思想政治教育工作，有的大学视情况设立了学生年级办公室，负责本年级学生行政管理和思想政治教育工作。

④行政体制管理机构呈各部、处模式。学校建立了学生工作指导委员会或学生工作领导小组，委员会下设实体性的机构——学生工作办公室，办公室兼有协调、指挥各部处执行学生行政管理和思想教育的职能。而各部、处在学生工作办公室的指导下，照常履行原来承担的有关行政管理工作的职能与权限。系与年级组织机构无重大变化。

上述模式中有两个共同的特点：一是管理机构的组织形式均采取“直线职能参谋组织形式”；二是分权管理形式增强。

2. 行政体制管理的模式特点

目前，高校学生行政管理体制的各种模式机构设置不尽一致，权限划分各有差异，每种模式也各有特点，具体如下。

（1）学生行政体制管理的散在模式

这一类型的高校，多数是在校学生数不太多，校领导有较多精力关心学生工作，各级学生行政管理机构干部配备较强，所以它沿袭我国历史上的高校学生行政管理工作体制，有如下特点。

①采取“直线职能参谋组织形式”。这一模式中，校长是唯一的行政负责人，有全面的领导和指挥权，对一切工作都负有全面的责任。各职能部门按照校长的要求，在业务上负有指导下属部门的权力和责任。各级组织在行政上相对独立，可充分发挥主动性。这样既保持了统一领导，又充分发挥了各职能部门的积极性和主动性。

②分权管理制度加强。在新形势下，为了适应学校管理的要求，学校将有关行政管理权限下放，如学生行政处分权，记过以下的处分由系级部执行；如学生的奖学金金额，部分的单项活动或班、系活动奖励及补助由系级部决定，这也有利于调动各级组织的积极性，促进行政管理工作的高效运转。

③兼容一体，易于协调。这一模式无新机构设立，许多相互交叉、相互渗透的工作依然处于一个处室，如学生生活管理处于总务处，学生学籍管理的许多工作处于教务处，从而便于配合，易于协调。

（2）学生行政体制管理的专兼模式

这是从散在模式发展而来的，因此它们之间特别是在权限划分上有许多相似之处。由于在校级建立了学生处，在较大的系级建立了学生办公室，所以学校中出现了学生行政管理体系，同时，也明显地反映出以下几个特点。

①学生工作统筹安排，全面协调能力增强。专管学生工作的主干处——学生处对学生行政管理工作及有关学生工作情况负有全面关心、通盘考虑、及时汇总、向上报告及建议的责任，并能在校长领导下，对各行政部门工作中出现的矛盾、问题及时参与协调。

②有利于队伍素质提高，稳定性增强。专管学生行政管理工作体系的出现使学生行政管理工作机构、人员稳定性增强，方针、政策、规定的连续性加强，使工作方法的创新、理论研究的开展、工作经验的积累、管理人员的业务素质趋于上升态势。

③学生行政管理工作的应变能力增强。在新的形势下，学生行政管理工作不仅要有正确性、规范性，还应讲究时效性。建立了专司学生行政管理的工作体系，就要有一批长期专门从事学生管理的工作人员，能较正确地掌握党的方针、政策，全面了解学生情况，遇事能及时向领导提供各种情况和选择方案，以便领导准确决断。

（3）学生行政体制管理的复合模式

它由专兼模式进一步发展而来。由于学生处和学生工作部实现了两块牌子、一套班子，因而它有一个明显的特点，即在组织机构上实现了学生思想政治教育和学生行政管理的结合，改变了长期以来行政管理和思想教育相分离的状况，使对学生的言和行、想与做的教育统一在一个部门，使学生的学籍管理、课外活动、校园秩序、奖励和处分等学生管理主要内容的执行，基本上是由学生处与学生工作部作为一个职能部门来承担。

（4）学生行政体制管理的各部、处模式

它既同散在模式相似，又同复合模式相近，它唯一的特点是兼指挥和执行于一身。由于它有居于部、处之上的职能部门——学生办公室，所以既可以指挥行政部、处，又能协调各种关系与矛盾；既能抓行政管理工作，又能抓思想教育工作。

3. 行政体制管理的成效

学生行政管理工作的成效，取决于两点：一是领导和干部队伍；二是管理体制。当前有一批较长时间从事学生工作的同志，他们有能力、有水平、有积极性与创造性，虽然管理体制不够完善，但凭借这批骨干的创造性和努力，高校的学生管理工作还是有很大成绩的。随着社会的发展和新形势下对高校学生管理工作的要求，还需要改进工作、完善政策、健全体制。

行政体制管理成效是由这个学校的历史与现状、领导与干部队伍的素质和结构、教师与职工的思想水平与觉悟、学校的任务和条件等形成的综合因素决定的。只有当一个具体模式适合这个学校的情况，并能创造出最优成绩时，才是最佳的选择。

从学校学生管理体制发展的趋势来分析，选择具体模式应考虑两个问题：一是是否需要建立专门的学生行政管理体制；二是是否需要实行学生行政管理工作与学生思想政治工作相结合的管理体制。对这两个原则问题的回答是肯定的，这也是今后加强学生行政管理体制的原则问题。

第一，人的思想和行动是不能割裂的，人的行动受思想的支配，而思想又需要实践的检验。要规范人的言行，首先要抓思想教育，要了解一个人的思想，必须先了解他的行动。所以，对学生的思想、言论和行动的教育、管理，只有真正地从组织上、思想上结合起来开展工作，才能改变相割裂的现象，才能取得工作的最佳效果。

第二，学生行政管理工作是培养学生成为德、智、体、美、劳全面发展的社会主义建设者和接班人的一项重要工作。它对在校学生的学习、生活、行为起着正确的规范作用。它不仅需要一支具有一定理论水平和一定实践经验的稳定的干部队伍，还必须逐步建立一套专门的行政管理体制，否则难以适应当前形势下学生管理工作的要求。

第三，高校担负着培养青年学生的重任，只有将学生行政管理工作和学生思想政治工作相结合，建立一支专门的学生管理工作队伍和建立一套专门的学生行政管理工作体制，才能培养出理想信念坚定的合格人才。

（二）高校学生思想品德教育体制管理

各高校人员素质、传统风格、办学特点等具体情况不同，新中国成立以来也经历过一些变化，但总的来说，我国高校学生思想品德教育实行的是综合管理体制，这种体制主要由以下几种制度构成。

1. 专职干部责任制

高校专职党团干部是党的教育方针与政策在各单位的综合贯彻执行者，是对学生进行各种思想品德教育管理的设计者，是发动全体教师教书育人的组织者。因此，专职干部在学生思想品德教育管理中发挥着不可替代的作用。学生专职干部主要指担任党团职务、专门从事学生教育管理的干部，包括学生工作部（处）或宣传部、校团委的干部，各系主管学生工作的党总支（分党委）副书记、团总支（分团委）干部等。专职干部一般按学生人数的 1∶150 配备，不足 150 名学生的单位可根据实际工作情况考虑。专职干部在学校党委的领导下，具体由学校主管部门和各系党总支共同管理。他们除根据实际表现和工作需要晋升职务外，同时，作为学生思想品德课教师在晋升专业职务方面享受与其他业务教师同等待遇。

（1）专职干部的职责

①开展学生思想和学生工作的调查研究，根据全局形势，结合学校的实际，进行正确决策，统一制订本系统学生思想政治教育、管理工作计划，保证学生思想品德教育管理工作的整体性与系统性。

②负责安排、协调、组织开展党团教育、政治学习和日常思想品德教育管理各项活动。按照教育部的要求，专职干部要讲授或辅导思想品德课，并负责组织形势教育、大学生思想修养、人生观教育、法制教育、职业道德教育、毕业教育与就业教育等思想品德课程的教学工作；负责指导年级主任、兼职辅导员（或班主任）、研究生政治导师的工作，包括制订工作计划，提供有关信息和教育材料，检查总结工作以及负责评比优秀教育工作者等工作；负责指导学生干部的工作，关心学生干部的培养教育，具体指导团组织、学生会开展各项教育管理活动。

③依靠年级主任、辅导员（或班主任）、研究生政治导师和学生干部，正确执行有关学生的各项政策，指导并做好学生的思想品德考核，毕业鉴定与考核，评定三好学生、奖学金、优秀学生干部、优秀团员、先进班集体及评定贷学金等工作，负责做好学生的就业及派遣工作。

（2）担任专职干部应具备的条件

专职干部主要从毕业生或青年教师中挑选。从事学生教育管理的干部必须具备以下几个条件。

①坚持四项基本原则，积极拥护、努力贯彻党的路线、方针、政策，在政治上同党中央保持一致，一般要求是中共党员。

②热心思想工作，热爱、理解、熟悉青年学生，联系群众，作风正派，坚持原则，办事公正，严于律己，为人师表。

③具有一定的社会工作经历和组织管理能力、表达能力和调查研究能力，能独立开展工作。

④具有大学本科以上文化水平，业务成绩优良。

2. 教师指导学生责任制

教师在教育学生的过程中起着主导作用。调动教师教书育人的积极性是抓好学生教育管理工作的关键。除了要求所有教师在教学过程中为人师表、严格要求、注重学生思想品德教育，这里说的教师指导学生责任制，是要求一部分教师在完成自己教学、科研工作的同时，兼做一个年级或一个班的学生教育管理工作。指导教师包括年级主任、辅导员或班主任、研究生政治导师（以下统称指导教师）。

指导教师中的兼职辅导员或班主任可以采用分段制（一、二年级为一段，三、四年级为一段），也可以实行四年一贯制。人数在 120 人或 120 人以上的年级应配备年级主任，负责组织、协调本年级的工作，不满 120 人的年级可根据情况按专业或系配备年级主任，年级主任在任职期间以学生教育管理工作为主，也可适当担任少量的教学、科研工作。研究生政治导师以研究生人数 1∶40 配备，其待遇与业务导师相同。

指导教师由学校人事处、宣传部、教师工作部门、学生工作部门和所在院系党总支组成领导小组共同管理。人事处负责把指导教师的工作表现与教师出国、进修、晋升专业职务等政策挂钩；宣传部负责指导教师的自身提高、评比先进、总结交流工作经验等工作；教师工作部门负责把指导教师的工作表现与教师教学工作量、课时酬金的发放挂钩；学生工作部门与系党总支负责对指导教师的工作指导与考核。

指导教师由教研室负责考察挑选，由系党总支、行政审核，报学校批准并颁发聘书。聘期一般为两年一期，可以连聘连任，无特殊情况未经批准不得随意更换，以保证工作的连续性。

（1）指导教师的职责

①努力贯彻党的教育方针，正确认识加强学生思想品德教育管理的目的、意义，严于律己，言传身教，引导学生德、智、体、美、劳全面发展。

②负责指导学生团支部、班委会开展各项有益的活动，负责组织本年级（或班）的政治学习、组织生活、班务会议，做好日常的思想教育管理工作，保证学校各项教育管理计划、措施、制度在基层的贯彻落实。

③负责执行本年级（或班）学生的思想品德考核，评比三好学生、奖学金、优秀学生干部，推荐免试研究生以及毕业生就业等有关政策，对发展学生党员提出建议和意见。

④指导学生开展有关业务学习、课外科研、学术交流等活动。

（2）担任指导教师应具备的条件

①坚持四项基本原则，忠诚党的教育事业，品德高尚，作风正派，能做好学生表率。

②有一定的社会工作能力和从事思想教育管理工作的经验，工作责任心强。

③有一定的学术水平，教学效果好，在担任指导教师期间，担任本年级（或班）一门业务课的教学工作。

建立指导教师责任制是发动教师做学生思想教育管理工作的重要措施。由于大多数教师都有自己的教学科研任务，并且面临业务水平的提高与专业职务的晋升，加上学生工作投入大、收效慢、工作难度大、耗费时间多，大学里许多教师不愿意担任指导教师的工作。造成这种状况的原因是多方面的，应端正办学方向，提高全体教师对加强德育教育的认识，同时，要制定具体的措施，在政策上解除教师的后顾之忧。只有把教师的积极性充分发挥出来，把培养学生良好的思想品德作为全体教师自觉的行动，高校学生工作才能创造新的局面。

3. 学生自我教育与管理制

学生自我教育与管理制就是在学校党委的领导下，充分考虑到大学生的特点和未来社会对人才的要求，在学校专职干部、教师的指导下，通过学生干部，在学生中建立各项教育管理活动的制度。

学生自我教育与管理制包括学生党团组织制度，学生会组织管理制度，学生社团及刊物管理制度，学生勤工俭学、社会实践管理制度，学生业余文化、体育活动管理制度，学生寝室管理制度等。学生自我教育与管理制度由学生团组织、学生会在专职干部的指导下制定，按照团组织、学生会的系统下达执行，并负责检查、总结、修改、完善。各系团总支（或分团委）、学生会在执行制度过程中根据本单位的实际，在不违背学校团组织、学生会制度原则的情况下，可以进行适当的调整，作为学校制度的完善与补充。

（1）学生干部的职责

①学生干部所担任的各项社会工作，既是服务工作，也是学校不可缺少的教育管理工作，他们都应在自己所负责的工作中认真贯彻党的路线、方针、政策。

②学生干部在自己所管辖的范围内，应大胆行使职权，弘扬正气，打击歪风，批评不良行为。

③对学生思想品德考核与鉴定、评比三好、评奖学金、入党、入团、毕业就业等，向专职干部、指导教师提出建议和意见（专职干部、指导教师及学校有关部门应尊重学生干部的意见，在加强指导的同时，放手大胆地使用学生干部，充分发挥学生干部在教育管理中的主人翁作用）。

为了让更多的学生更好地做社会工作，发挥学生的积极性，学生干部一般不兼职，有条件的班级、系可实行干部轮换制，以便使更多的学生得到锻炼。

（2）学生干部应具备的具体条件

①拥护党的路线、方针、政策，积极要求进步，坚持德、智、体、美、劳全面发展。

②热心为学生服务，积极肯干，作风正派，在学生中有较高威信。

③学习勤奋刻苦，学习态度端正，学习成绩优良。

④校、系的主要学生干部，必须是所在班的优秀学生。

⑤负责的某一方面工作尽量考虑到学生自身的爱好与特长。凡是受到学校通报批评以上处分的学生，凡是学习成绩较差或有不及格功课的学生不宜担任学生干部。

（3）学生干部的产生与调整

①所有团支部、班委会以上的学生干部，都必须经过全体会议或代表会议民主选举产生。新生进校第一学期，成立临时团支部和班委会。考虑到新生之间相互不熟悉，学生干部由专职干部根据招生或档案的记载与指导教师商量指定，第一学期结束时，再进行民主选举。以后根据情况每学年改选一次，学生干部可以连选连任。

②参加学校、系有关单位和部门工作的各类学生工作人员（如校刊、广播台、学生会

各部工作人员）可采取选聘的办法挑选，经学生所在系的专职干部和指导教师同意后即可担任一定的社会工作。

③学生社团组织和社会实践、勤工俭学活动的负责人，由学生民主选举，分别报学校或系团组织批准，特殊情况也可由校、系团组织、学生会指定。

④学生干部的选举、增补、免职、调整必须经过同级党组织同意，并按管理范围向上级组织报告，按照正常的民主程序进行，不得擅自改选或任免干部。

（4）学生干部的培养与教育

①学校有关部门、校团委应利用业余时间有计划地对学生干部进行培训。培训包括理论学习、工作指导、经验交流、形势分析等，从而有目的地提高学生干部的思想觉悟与工作水平，增强他们的自我教育与管理能力。

②在寒暑假期间，学校应组织学生干部到边远地区、工厂、农村进行考察参观，了解社会实际，增强其社会责任感和社会阅历。专职干部与指导教师在工作中要对学生干部严格要求，认真培养，既精心指导，又大胆放手，克服一切由学生干部自己干和包办代替的倾向，使学生干部在实践中不断成熟、进步。

（5）学生干部的考核与奖惩

①学生担任的社会工作，应在学生考核、鉴定中予以记载，对于工作中的成绩与实际水平也应如实反映，以便毕业就业时用人单位参考。凡是学生选举出的干部，都应在评三好学生、奖学金等政策中进行恰当的肯定，在学生入党、入团、毕业就业时应作为全面衡量学生的依据之一。

②学校除评比三好学生以外，每年还应评选一次优秀学生干部，优秀学生干部可以同时评为三好学生，以鼓励学生干部的积极性。

③对学生干部工作的考核主要由上级学生组织、学生专职干部和指导教师共同考察与评定。

④对有错误或因工作不负责造成损失的学生干部，按学校有关规定不宜继续工作的，应按程序予以免职或除名。

第四节　高校学生自我管理与民主管理

高校学生的自我管理和民主管理是高校学生管理工作中的一个重要组成部分。它侧重于调动学生的主体意识，在整个学生管理工作中起着补充和完善的作用，由于其独到的优越性而受到越来越多高校管理工作者的重视。

一、高校学生自我管理

高校学生的自我管理，简而言之，就是学生自己管理自己，其目的在于激发学生在管理中的主人翁精神。它是学生根据教育目的和培养目标的要求，运用现代科学管理方法，为实现个人管理有效地调动自身的能动性，训练和发展自己的思维，规范和控制自己的言行，完善和调节自己心理活动的过程。学生自我管理就其方法来说，可分为学生个体自我管理、集体自我管理和参与性自我管理。

（一）学生自我管理的特征

（1）对象特征，即管理与被管理两者的统一

学生自我管理同其他管理活动的根本区别在于，其他管理活动强调对他人或他物的管理，而学生自我管理则是行为发出者作用于自身的活动过程。自己既是管理者又是管理对象，这是自我管理最基本的特征。进行自我调节和控制，是学生自我管理的实质所在。

（2）过程特征，即自我认识、自我评价、自我控制、自我完善四位一体

在学生自我管理中，从目标的建立到组织实施，再到调节控制以及不断完善，融于学生一体。学生在认识社会、他人和自己的基础上设计自己，在管理过程中评价、控制自己，最后达到目标的实现，到此也就完成了学生自我管理的一个循环——不是简单重复，而是在社会、个人的动态环境中螺旋式地循环。

（3）内容特征，即不同的时代具有不同的内容

此特征有以下两个方面的含义：一是生活在一定社会条件下的人，其思想水平、知识水平和心理素质被打上时代的烙印，学生也是如此；二是学生自我管理的目标及其社会意义具有鲜明的社会、政治、经济和文化特征。今天，社会为自我管理提供了吸取营养的现实土壤，而作为新时期的高校大学生，就应该热爱祖国、热爱人民，追求真理、锐意进取，艰苦奋斗、乐于贡献。

（二）学生自我管理的原则

从整体上说，学生自我管理不完全取决于个人愿望和努力，它必须反映社会和学校的需要，必须受到社会条件和学生管理制度的制约，符合社会道德规范，同学校培养目标一致，并置身于社会管理和学校管理之中。学生自我管理集主客体于一身，具有它的特殊性。所以，它除了遵循管理一般原则，还应遵循以下几个原则。

（1）自觉自愿原则

学生自我管理是学生自己管理自己的一种管理方式，从管理内容的制定、目标的确定和实施到信息反馈、总结纠正等，都应由学生自己编排，要自觉自愿。当然，自觉自愿也不是放任自流，为了保证自我管理的正确方向，学生在自我管理时，必须接受学生管理部门的指导和必要的约束。对集体自我管理来说，必须注意吸收全体学生参与管理工作，充

分调动和发挥每个人的聪明才智。

（2）认识评价原则

学生实行有效的自我管理之前，必须全面认识自己及其所在班组、学校乃至整个社会的现状。要参与就必须认识，同时，只有参与，才能使认识更全面。学生自身的政治素质、文化素质、心理素质、身体素质和社会阅历是自我管理的内在条件，而班级、学校的状况、目标、任务、结构和功能，以及国家政策、经济文化背景和社会规范等是自我管理的外在条件，只有正确认识社会，客观评价自己，才能使自我管理切合实际。

（3）严密性与松散性相结合的原则

所谓严密性，对集体自我管理是指应当有相对稳定的组织、明确的宗旨、科学可行的计划和管理制度，有相对稳定、水平较高的骨干力量；对个体自我管理是指目的明确、计划周密、心理状态良好。所谓松散性，是指在严密性的前提下，对学生自我管理的时间、地点、参加人员、活动内容及形式可做一些选择。这里的“严”与“松”是辩证统一的，如果没有明确的目的、严密的组织、严格的制度和较好的管理者，集体的共同利益就难以维护，教育目的也难以实现。因此，学生在自我管理中要强化集体意识，自觉服从、维护集体决议，模范地做好集体工作，只有这样，才能保证学生自我管理沿着正确的方向而不失控。同时，由于高校学生群体内部结构层次的复杂性，在保证集体利益和共同要求的前提下，要尊重学生的个性，促进学生个性发展。同学之间提倡互相尊重、互相学习，在相互帮助中共同进步。

（三）学生自我管理的作用

学生自我管理有以下两个作用。

第一，加强学生自我管理有利于学生健康成长。青年学生正处于心理的转折期、自我发现期，他们强烈希望自己的意志和人格受到外界的尊重，具有强烈的参与意识，而学生自我管理恰恰满足了他们的这种心理愿望，从而促进其心理的健康发展。但是，由于学生的世界观、人生观尚在形成过程中，他们在复杂、动态的环境里，容易受到各种错误思想的干扰，要想有效地消除这种消极影响，除了学校、社会和家庭的教育、指导，学生自己也要加强理论、思想修养，在自我管理的实践中，提高辨别和抵制错误思想的能力，使自己健康成长。

第二，加强学生自我管理有利于增强学生适应社会的能力。一方面，由于目前我国还存在着教育与实践相脱节等弊端，以至许多学生的动手能力和创造能力较差；另一方面，学生最终都将走向社会，接受社会检验，随着人才市场需求的变化，社会对学生的知识水平、知识结构、专业技能以及走上社会的适应能力提出了更高的要求。因此，学生要想在复杂的社会环境中既能适应社会的要求，又能有所作为，就必须在学生期间利用一切可以利用的机会，有针对性地实施自我管理，逐步缩小所学知识与社会需要的差距，不断增强自我认识、自我评价、自我控制能力，实现自我完善，为将来走出校门后尽快地适应社会奠定坚实的基础。

（四）学生自我管理的内容

学生自我管理的内容是由时代对高校学生的要求和历史赋予他们的使命决定的，概括起来主要有思想素质、业务素质和身心素质三个方面的自我管理。它们之间是相互作用、相互渗透的辩证统一体。下面仅就业务素质的自我管理做简单的阐述。

所谓业务素质的自我管理是指学生在老师的指导下，通过积累知识、发展智力和锻炼能力而进行的管理。

（1）要树立正确的成才观

学生的成才，不仅是由他的知识、智能决定的，更主要的是由其正确的学习目的和勇于奋斗的精神所决定的。那些极端利己、自私的人，那些从自我出发，把个人利益置于集体、国家利益之上的人，不但不能成才，还可能会成为社会发展的阻碍。只有那些具有远大理想和抱负的人，才会使知识、智能、素质、觉悟在自身中得到统一；只有那些把自己的前途和国家命运、民族未来紧密联系起来的人，才会在事业中有所成就。

（2）要掌握学习规律，完善知识结构

学生的主要任务就是通过艰苦而复杂的脑力劳动不断增长知识，提高能力，掌握学习规律，完善知识结构。课堂学习是学生接受知识和教育的主要途径。预习、听课、复习等是学生课堂学习的主要环节，也是学生加强自我管理的重要方面。一个人要获得完全的知识，必须具备两个条件，即书本知识和实践知识。学习实践知识，就要投身于实践，向社会学习，在实践中积累和完善自己的知识。同时，还要完善和优化智能结构。智能是智力和能力的总称，是指一个人观察问题、分析问题和解决问题的能力。观察力、记忆力、思维力、想象力和操作能力是智力结构的五个要素。

（五）学生自我管理的途径

学生自我管理是在家庭、社会和学校管理教育的灌输、组织、指导下，进行自我规划、自我调节、自我教育和自我完善的。由于人和社会环境的复杂性，学生实现自我管理的途径、方法也是多种多样、纵横交织和不断发展变化的。

1. 加强学校民主建设，促进学生的自我管理

学校民主建设的本质是把广大教师、学生真正看作学校的主人和学习的主体。在学校提倡科学，崇尚民主，为师生创造民主参与管理的机会，让他们在工作和学习中感受到自己是社会的主人，是学校的主人，激发起他们稳定的、持久的自觉性和主动性，这样才能增强学校的凝聚力，才能树立良好的学风、校风。如果学校不能顺应和满足学生的心理需求，仍然把他们当作纯粹的管理对象，采取命令式管理，那么只能压制学生的能动性，伤害学生的自尊心，其结果只会引起学生的不满。事实证明，良好的学风、校风的形成，主要不是靠行政管理的强制力量，而是靠群体的力量，靠群体规范和舆论的无形力量。因此，

民主建设是学校培养人才的前提和保证，制度管理是加强高等学校民主建设、创造良好校园环境的保障。

近年来我国高等学校的管理制度逐步完善。这些制度明确了学生的道德和行为准则，为学校的日常教育、管理工作提出了一套章法。广大学生在思想教育和制度的约束中，只有不断调节自己的思想、行为，逐步把外压力变成内驱力，自觉遵守，自觉维护，才能取得显著效果。民主管理要公开、平等。学生主体意识、平等意识的增强，要求学校的管理工作要公开、平等，以取得相互理解、尊重和信任。公开即是提高管理工作的透明度，平等即是管理者和师生平等对待，真诚合作。

在管理中，学校要尽量为学生创造知政、议政和参与管理的场所和条件，扩大和完善学生参与管理的渠道，发挥他们在管理中的作用。学生参与学校管理，会使他们产生归属感和主人翁感，这样才能发挥集体的智慧，使决策更准确、合理。同时参与管理也是调动学生积极性、培养学生能力、扩大学生与管理部门联系的好方法，既可以提高学生的素质，又可以实现民主管理。人是管理的核心，提高人的思想、道德、知识素质，是完善学校民主管理的首要条件。学校要加强思想政治教育课的教学，充分发挥党团组织的作用，发挥管理者、教师的作用，要鼓励学生参加教育改革，激励学生自爱、自强，采取各种形式帮助学生明确民主与集中、自由与纪律的关系，增强学生的民主意识，树立其正确的世界观和人生观。学生有了“精神能源”，学校民主管理才会有坚实的基础。

2. 搞好学生组织的建设

学生组织主要是指校、系、班级的学生会或班委会、团组织和其他社团组织。这些组织是学生自我教育、自我服务、自我管理的主要形式，也是学校做好学生管理工作的保证。

加强学生组织建设，要选好、用好学生干部。学生干部来自学生，他们既是受教育者和被管理者，也是学校管理干部的助手，还是学生活动的直接组织者和学生基层组织的管理者。要建设一个良好的集体，必须有一批优秀的学生干部，选好、用好学生干部对于学生管理工作至关重要。

加强学生组织建设，要发挥学生组织的教育、管理功能。学生组织是学校系统中的一个子系统，加强组织建设，目的就是要发挥其作用。在教育方面，学生组织可以通过组织学生学习理论知识、时事政治、业务知识，通过举办演讲会、座谈会、报告会，组织学生参观、访问、调查和参加劳动等活动，帮助学生共同探讨理想与现实、自由与纪律、民主与集中、权利与义务、学习与工作、事业与爱情、个人与集体等方面的关系。依靠正确的导向，可以在学生中形成追求进步、关心集体的舆论，形成刻苦学习、勇于进取的良好学风，形成遵守法律、讲究道德的文明环境。在管理方面，学生组织要依靠管理制度，配合教师和学校的管理干部，做好组织协调工作，提高管理效能。在服务方面，学生组织既要为学生服务，也要为学校服务。

加强学生组织建设，就要改进管理方法。方法是完成任务、实现目标所必不可少的手段，任何组织要实现管理目标，没有良好的方法，必然事倍功半。反之，管理方法得当，就会事半功倍。可见，采取好的管理方法，是提高效率的有效途径。学生组织的自我管理也不例外，一般来说，在学生组织自我管理中，制度管理法、榜样示范法、正面激励法、民主管理法等都是不可缺少的方法。

3. 加强社会实践活动，完善学生的自我管理

加强社会实践活动，要做好教学过程中实践环节的自我管理。高校学生的根本任务是学习并通过学习提高自己的智力和能力，而教学过程中的实践活动正是学校为了使学生把所学到的知识运用于实践中所安排的。作为学生，只有扎实地掌握本专业的基础知识、基本理论和基本技能，才能称为合格的学生。所以，做好教学过程中的实践环节是学生自我管理的首要问题，每个学生都应根据自己专业的特点和实践的要求，自觉地参加实验、实习、考察和劳动等实践环节，并做到勤学习、勤动手、勤思考、勤总结，努力提高自己掌握和运用知识的能力。

加强社会实践活动，还要做好校内外的实践活动的自我管理。校内外实践活动是教学环节的开拓和延伸，也是充分发展学生爱好、特点和长处的重要途径。搞好校内外实践活动的自我管理包括以下四点：一是根据自己的爱好和特长，组织或参加学校的社团活动，培养自己自主、自强的责任感，培养自己适应社会发展所需要的素质。二是积极组织并参加学校开展的各种竞赛活动，在活动中培养自己的参与意识、竞争意识和集体意识，锻炼自己的组织能力和社交能力。三是充分利用假期，开展社会调查和各种形式的社会服务，在参与中了解社会，坚定信念，促进自己的全面发展。四是完善管理制度和管理措施，克服松散管理和多重管理现象。

学生自我管理的途径和实现自我管理的方法很多，不论采取哪种途径和方法，管理效果都取决于社会、学校的关怀和支持，同时也取决于学生自身的努力和修养。高校学生只有在学校、家庭、社会的教育、管理、指导下，树立崇高理想，加强道德修养，善于学习，勇于实践，坚持把个人理想同社会需要、把个人命运同祖国前途结合起来，自我管理才能卓有成效。

二、高校学生民主管理

大学生既是建立良好校园秩序的主体，也是建立良好校园秩序、达到培养人的目的的客体。建立良好的校园秩序的目的是培养人，必须通过大学生内心的响应，通过自身的积极性和主动要求才能实现这一目的。

在社会主义国家，公民不仅是社会管理的对象，同时又是社会管理的主人。因此，我国的大学生在高校中参与民主管理既是主体与客体统一的体现，又是我国大学的社会主义性质的体现。

（一）民主管理的概述

（1）大学生民主管理的概念

大学生民主管理是指根据社会主义民主的本质，运用社会主义民主的形式，充分调动并发挥大学生内在的积极因素和自主精神，在学校行政管理人员的领导下，组织大学生参与管理，达到培养德、智、体、美、劳全面发展的“四有”人才的目的。大学生参与民主管理具有社会主义的方向性，离开了社会主义的方向，管理就失去了目标，也失去了意义。大学生民主管理采用社会主义民主的形式，是民主集中制的民主，而不是无政府主义和极端民主化的民主。

大学生民主管理是高校大学生管理系统中的子系统，是大学生管理的一种形式，它的基本作用和形式是参与和监督。它在学校领导和老师的指导下，既可参与行政管理部门的管理，又可管理学生自己的事务。

（2）大学生民主管理的必要性和可能性

校园秩序的一个重要方面是大学生的学习和生活秩序，建立良好的校园秩序要靠学校的科学管理，但如果没有大学生的参与和管理，把建立良好的校园秩序只作为学校的事情，那么良好的校园秩序就难以建立，所以调动大学生参与民主管理的积极性是建立良好的校园秩序的需要。发动大学生参与民主管理不仅可以提高管理效能，而且可以在管理实践中提高他们的才干，这正符合培养目标自身的需要。

当代大学生自主意识较强，对被人管理往往持反感态度。但是实践证明，他们的“自主”往往带有很大的随意性，没有学校的严格管理和引导不利于他们的健康成长。当代大学生的参与感很强，愿意通过参与管理提高自己的才干和能力。因此，调动大学生参与民主管理的积极性，既是可能的，也是必要的。

（3）大学生参与民主管理的意义

通过大学生参与民主管理，使大学生在实践中接受社会主义民主教育，培养大学生正确的政治观点、正确的社会主义民主意识和民主精神，对于培养社会主义一代新人和全社会的安定团结都具有十分重要的意义。大学生参与民主管理，可以构建学校领导和学生之间的信息渠道，密切学校领导和广大学生的联系，有利于建立良好的师生关系；有利于学校领导及时了解学生的情况，改进工作作风；有利于政治上的安定团结；有利于培养一批有领导才干、有管理能力、有献身精神的积极分子，这对党的建设和社会主义事业都有着重要的意义。

（二）民主管理的组织形式

（1）学生民主管理的组织

大学生的组织包括共青团组织和学生会组织，就学生参与民主管理的目标和方法来说，二者都可以看作学生民主管理的组织形式。共青团是党的助手，是先进青年的群众性组织，学生会是大学生的群众组织，他们各自的目标和任务虽不尽相同，但就建立良好的校园秩序、培养社会主义建设人才的总目标来说，又是完全一致的。共青团组织和学生会组织都要在学校党组织和行政管理系统的领导下开展活动，无论哪一个组织都不是完全独立于学校党政领导之外的，所以都不能称为自我管理组织。班级组织和团支部组织是学校实行民主管理的最重要的基本组织，调动这些组织中的大学生民主管理的积极性，完善民主管理制度，对于建设良好的校园秩序具有特别重要的意义。

（2）学生介入学校管理系统参与学生管理的形式

这是通过学生代表参加有关学生管理会议，反映学生的意见、要求等形式来实现的，如有的高校聘请学生代表出任行政领导干部的助理等，就属于这一种形式。

（3）专业性的学生民主管理组织

比如有的学校建立学生宿舍管理委员会、伙食管理委员会、卫生管理委员会、治安保卫管理委员会、纪律管理委员会等，通过学生自己处理或协助学校处理问题，维持校园秩序。这些组织在行政管理部门的领导、协助和支持下组织起来并进行工作，但不能自行制定与学校的规章制度相抵触的管理制度。

（三）民主管理的原则

大学生参与民主管理必须遵循以下几项原则。

①导向的原则。民主管理的导向就是把民主管理引导到坚持四项基本原则，反对资产阶级自由化，坚持遵守法律、法规以及学校的纪律、条例，坚持党的教育方针，坚持正确的道德取向等。导向正确，不仅民主管理不会迷失方向，而且还能培养学生遵纪守法的意识和习惯。

②自主和尊重的原则。民主管理要调动学生的积极性，就要充分发挥学生的自主精神，减少依赖性。要充分相信并支持他们做出的符合原则的决定，有了错误，也要尽可能启发学生自己去纠正，避免伤害他们的自尊心。管理者的责任是加强领导并及时给予指导，尽量不要代替学生做出决定，要尽可能让学生站在管理的前台。

③启发的原则。有些在管理者看来是简单的事，大学生可能会争论不休，这是由于学生缺乏实践经验造成的。管理人员要给予适当的启发，但不要轻易代替学生做出选择或简单地下结论。

④充分讨论的原则。民主管理相比指令性管理要复杂得多，反反复复地讨论，要花费很多时间，但只要是认真讨论，时间就不会白费。

⑤允许犯错误的原则。民主制度本身包含着产生错误的可能性，因为多数原则只服从多数，而真理有时在少数一边，要求学生在民主管理中不犯错误是不现实的，有时正是在错误中才学到了更多的东西，关键是要勇于承担责任，勇于改正错误。管理干部要勇于承担责任，培养一种敢于承担责任的意识。

⑥民主程序的原则。实行民主管理一定要遵循民主管理的程序，只有严格遵守民主程序，才能在实践中提高学生民主管理的积极性、民主精神及守法意识。

（四）民主管理的教育和引导

调动大学生民主管理的积极性，必须加强对大学生的教育和引导，具体有如下三点。

①要加强民主管理中的责任意识教育。参与学校民主管理不仅仅是尽义务，也是大学生的权利。无论是履行自己的义务还是行使自己的权利，都离不开正确的责任意识，尽义务是一种责任，行使权利也是一种责任，而这种责任的目标取向就是学校对学生的培养目标。责任意识的强弱和民主管理的效能成正比。

②在管理实践中帮助学生干部树立良好的作风。要培养学生干部密切联系群众的民主作风，批评与自我批评的作风，谦虚谨慎、戒骄戒躁的作风以及勤俭节约、艰苦奋斗的作风。管理干部自身的良好作风也将对学生产生潜移默化的教育作用。

③支持和帮助学生参与民主管理工作。对参与民主管理的学生，在强调为人民服务的前提下，要根据其不同的职责，给予不同的物质和精神支持。必须重视对他们的个别教育和帮助，既要以诚恳、热情、耐心的态度帮助他们解决生活、学习、工作中的具体问题，帮助他们总结工作中的经验教训，也要帮助他们解决工作中的思想和认识问题；要和他们建立良好的友谊、密切的关系和深厚的感情，要把培养、爱护学生干部和培养党的积极分子统一起来。

（五）民主管理的应有作用

（1）培养学生的责任意识、纪律意识和法律意识

很多学校用发动全校学生民主讨论的方法来修订管理制度，并将讨论修订的条文提交全校学生或学生代表大会投票表决，然后由校长批准施行。讨论的过程就是一个学习和教育的过程，凡是讨论认真的，也往往是准备认真执行的，因此，也就培养了学生的责任意识、纪律意识和法制意识。

（2）培养学生的自律精神

把学生的积极主动精神调动起来，在日常的生活和学习中参与管理，不仅可以加强和改善管理，而且可以培养学生的自律精神。

（3）培养学生公平、诚实的精神

一个学习阶段完成，有大量的工作要做，比如评定奖学金、评选优秀学生和学生干部、进行毕业鉴定等。这些都可以发动学生民主讨论，培养学生公平、诚实的精神。

（4）培养学生社会主义民主意识和民主精神

在强调坚持四项基本原则的前提下，尽量放手让学生自己去组织活动，严格按民主程序去处理日常工作。

三、高校学生社团活动的管理

学生社团是经过学校批准，由本校学生在自愿的基础上组织的群众性团体。近年来，社团组织发展迅速，社团活动已经成为学生课外活动的重要形式之一。加强社团活动的管

理，是学生自我管理和民主管理的一项重要任务。

（一）学生社团的发展和作用

1. 学生社团的发展

近几年来，学生社团组织的发展如雨后春笋，无论是其数量，还是其活动范围和参加人数，都远远超过以往任何时期。如今，社团活动已经成为大学生课外活动的重要组成部分。

综观目前高校学生社团组织，按其活动性质可以划分为兴趣型社团（根据兴趣爱好自愿结成的团体，如桥牌协会、文学社、书法社等）、学术型社团（以专业学习、研究和交流为目的组成的团体，如经济管理协会、科学技术协会等）、服务型社团（以科技、文化服务和劳务服务为主要内容的团体，如各种科技、文化中心）三大类。此外，还有在学校组织或直接指导下开展活动的文化型社团（如文艺社团、乐团等）和新闻型社团（如学生通讯社、记者站等）。

2. 学生社团的作用

学生社团组织是学生自我管理、自我教育的重要形式之一。因此，不论哪种类型的社团组织，都可以在学生自我管理和自我教育中发挥重要作用。社团组织通过开展活动，可以把具有共同兴趣爱好的学生组织起来，丰富他们的课余生活，开阔他们的知识视野，增进同学间的友谊，增强他们的集体观念和协作精神，提高他们的实际工作能力。不同的社团组织可以吸引不同兴趣的学生，调动各个层次学生的学习积极性，有助于他们在各自的起跑线上前进和发展。

此外，不同类型的社团组织，还有特殊的作用。例如，学术型社团组织对于培养学生的学习积极性、主动性和钻研精神具有重要的促进作用；兴趣型社团活动可以丰富学生的课余文化生活，陶冶情操，提高他们的文明修养水平；服务型社团活动有助于学生树立劳动观点和群众观点，加深他们对国情民情的了解，增加他们的社会责任感和历史使命感；文化型社团和新闻型社团，由于其专业性强，所以能在对学生进行有关专业训练方面发挥重要作用。当然，必须正视学生社团活动中可能出现的问题。如果管理不好，有的学生社团就可能被某些不良组织利用，对学生的健康成长起相反的作用。这也告诉管理者，对学生社团活动加强引导和管理，是非常必要的。

（二）学生社团的申请、成立和解散

1. 学生社团申请的基本条件

学生社团不是社会团体。学生社团是本校学生自愿组织的群众性团体。兴趣爱好相近的学生，在自愿的基础上，可以向学校申请成立社团，但在申请成立社团时，必须具备以下几个基本条件。

①有社团章程。社团章程必须明确规定本社团的宗旨和活动目的。任何学生社团，均

不得反对四项基本原则，不得从事有碍学生身心健康的活动。社团章程必须经过本社团成员讨论通过。

②明确社团活动的内容、开展活动的方式和时间，以及接纳社团成员的办法等。社团活动的内容应与社团宗旨和活动目的相符合，应以丰富和补充课堂知识、活跃课外生活为主。社团开展活动一般应在课余时间进行，以不影响社团成员的正常学习为基本原则。接收和调整社团成员应有规定和程序，禁止个人独断。

③有相应的组织领导机构，明确社团筹备负责人。学生社团的组织机构、领导机构，一般应以便于组织和开展活动为设置的原则，不宜设置烦琐和庞大的机构，要实行民主集中制的组织原则。在社团筹备过程中，必须指定临时负责人，一经批准成立，应民主选举或协商产生正式负责人。社团负责人必须具备以下基本条件：政治思想好，学习努力，熟悉本社团业务，热心社会工作，有一定的组织领导能力。专业性较强的学习社团，还应聘请指导教师进行政治和业务指导。

④活动经费有可靠来源和相应的管理办法。学生社团可以在社团成员同意和可能承担的前提下，规定社团成员一次或定期缴纳少量会费，也可以采取正当方式筹集部分经费。但无论以何种方式取得的经费，必须有专门办法、专门机构或专人进行管理，并定期在社团内部公布收支情况。

2. 学生社团的成立

①申请成立学生社团的程序。在学生社团筹建过程中，如果同时具备上述四个基本条件，则可以正式申请成立。但要求必须有正式书面申请。

正式书面申请应包括以下内容：申请成立社团的原因和理由；拟成立社团的名称；社团的章程和宗旨；社团规模和现有成员数量，活动内容及活动方式；社团筹备负责人基本情况；社团活动经费来源及管理办法；等等。正式书面申请必须先经集体讨论通过，然后由社团筹备负责人送交学校有关部门，并由社团筹备负责人向学校有关部门做必要的说明。若学校暂未明确学生社团审批部门，可以将正式书面申请送达与本社团活动内容相近的学校有关部门。

②确定是否批准某个学生社团成立之前，应对正式书面申请的内容进行审查，并做必要的实际调查和了解。学校有关部门决定批准或不予批准某个学生社团成立，应有书面通知，并通知社团筹备负责人。对批准成立的社团，学校有关部门应规定该社团的主管部门，必要时可规定辅导教师负责。对未被批准的社团，学校有关部门要做好解释工作。

经学校有关部门批准后，学生社团可以正式成立，开展活动。未经批准的社团不得成立和开展活动。需要特别指出的是，跨学校、跨地区、面向社会的团体，不属于学校社团之列。学生申请成立这一类社会团体，应当按照我国国务院公布的《社会团体登记管理条例》的规定办理，学校无权受理此类申请。

3. 学生社团的解散

学生社团的解散，具体包括以下两种。

①学生社团的自行解散。由于社团成员流动性大，容易导致社团活动停止、社团组织自行解散的情况。学生社团自行解散，要向批准成立的部门报告，同时要妥善处理遗留经费和物资。凡属个人的，应当返还本人，其他剩余部分上缴学校。

②学生社团的强制解散。学生社团活动应当严格遵守有关法律和规定。社团活动发生违反宪法、法律和有关法规，并造成严重影响，或严重损害学生身心健康，或严重干扰学校秩序，或与本社团宗旨无关，经劝告仍不改正等情况时，学校有关部门可以责令该社团停止活动，并强制解散。对社团负责人和有关直接责任者，可以按有关规定做出相应的处理。

（三）学生社团的活动和管理

1. 学生社团活动的基本原则

（1）学生社团必须服从学校领导和管理，社团活动要遵纪守法

学校有关部门和学生社团的主管部门代表学校归口管理学生社团，并对学生社团实行政治领导。学生社团要主动争取并自觉接受领导和管理，要防止出现游离于学校的领导和管理之外的学生社团组织和社团活动。

学生社团活动要符合我国宪法、法律和校规校纪的规定，要在学生完成教学计划内学习的前提下进行。学生社团组织还要发挥自我管理和自我教育的作用，教育和帮助社团成员认真遵守宪法、法律和校规校纪。学生社团要认真按照确定的宗旨开展活动，不得从事与本社团宗旨无关的活动。

（2）学生社团邀请校外人员到学校进行社会政治活动和学术活动，均需经学校同意

学生社团邀请有关专家、学者和知名人士到学校进行有关内容的演讲、座谈和社会政治活动，对提高社团成员的知识水平、丰富社团活动内容都有积极意义。但是，为了加强管理，学生社团组织或个人不得随意邀请校外人员来校从事有关活动。

学生社团组织或个人邀请校外人员（包括外籍人员）到校举办学术讲座、发表演说、进行座谈和讨论等活动，需经学校批准。组织者应在三天前向学校有关部门提出申请，说明活动的内容、报告人和活动负责人姓名，学校有关部门应当在拟举行活动的 4 小时前将许可或者不许可的决定通知组织者。讲座、报告等社会政治活动和学术活动，不得反对我国宪法确立的根本制度，不得干扰学校的教学、科研和生活秩序等。对于违反上述规定的活动组织者，要根据校纪酌情予以处理，对于正在进行的这类活动，学校有关部门可以责令立即停止进行。

（3）学生社团创办面向校内的报刊，需经学校批准

学生社团可以根据需要创办面向校内的报刊，但报刊内容应限定在本社团宗旨范围内。在正式创刊之前，学生社团要向学校有关部门提出申请，说明办刊宗旨、登载内容、出版

周期、经费来源，以及编辑人员组成等有关情况。未经学校有关部门批准，不得印刷和散发、张贴自办报刊。

出版面向校内的报刊，要求学生社团高度负责，认真选择稿件，尽量减少或不出差错，特别是不应出现政治性的失误。为此，应当主动争取有关主管部门帮助把关。报刊应标明已经学校有关部门批准字样或标注批准号。报刊停止出版，应向原批准部门报告。学生在校的主要任务是学习，因此，不提倡学生创办面向校外的报刊，如果创办面向校外的报刊，必须按照有关规定报政府有关部门批准，并接受指导和管理。

2. 学生社团活动的管理

学生社团活动吸引了众多学生，涉及面宽广，形式多种多样。而且，学生社团种类繁多，既有一般娱乐性的，又有学术性的和政治性的；既有正式合法的，也有非正式和非法的；等等，这就加重了学生社团管理的难度，同时也对学生社团管理提出了更高的要求。

（1）学生社团的管理

首先，学校要加强对学生社团管理工作的领导。社团管理是一项政策性较强的工作。学校应当根据本校学生社团的现状和发展趋势，根据学生社团的类型，分别确定相应的归口管理部门，配备或指定一定数量的管理人员具体负责学生社团组织、社团讲座和社团报刊的审查、批准和管理等事宜。不仅如此，学校党政领导还要亲自主持研究和制定学生社团管理的有关重要政策和措施，亲自处理某些涉及面广、影响较大的社团组织或个人发生的问题。

其次，学校要加强对社团发展方向的引导。学校要帮助学生社团把握正确的发展方向，特别是教育和引导各个社团坚持正确的政治方向。一般来说，对于学术型和专业性较强的学生社团，学校可以选派相关的教师或管理人员进行业务辅导，同时也进行政治方向的引导。对政治性较强的政治性社团，学校应予特别重视和关心，要选派政治上坚定，有较高的政治理论水平的领导干部和教师作为这类社团的指导教师，切实保证其政治方向、活动内容和活动形式等不发生偏差。

最后，学校要加强对社团负责人的培养和教育。社团负责人是学生中的骨干，他们的政治思想和品德素质如何，直接关系到社团组织能否健康发展。因此，学校要把社团负责人真正作为学生积极分子队伍的一员，组织他们参加业余党校、团校和党章学习小组等学习活动，引导和帮助他们认真学习马克思主义理论，提高他们的政治觉悟、思想理论水平和组织能力；还要经常与他们促膝谈心，了解社团活动情况，帮助他们解决社团活动中出现的问题，引导社团健康地发展。

（2）非法组织和非法刊物的管理

所谓非法组织和非法刊物，主要是指违反宪法和法律，违反四项基本原则的组织和刊物。从更广泛的意义上说，凡未经必要的程序申报并得到批准，或者所从事的活动或登载的内容违反国家的有关法律、法规的组织和刊物，均属非法组织和非法刊物之列。对这类非法组织和非法刊物，必须进行整顿或坚决取缔。

在我国社会主义建设过程中，特别是改革开放以来，社会上和高校内曾一度出现非法组织和非法刊物的非法活动。事实证明，非法组织和非法刊物对高校乃至整个社会的稳定，对正在进行的建设和改革事业，都有极大的破坏力。因此，高校管理工作者在进行社团管理的同时，要特别注意防范非法组织和非法刊物，决不允许其以任何方式活动，以任何方式印刷出版，在组织上、行动上实行任何形式的联合。对非法组织和非法刊物，一经发现，要坚决制止其活动，同时配合有关部门依法取缔。对其成员，要视不同情况予以必要的处理。

第五章　运用“互联网＋”加强高校学生管理工作

第一节　互联网媒介素养教育

一、参与式文化下高校学生网络媒介素养教育的特征

（一）教育理念的转变更新

在传统教育模式下，教师在教育教学中处于中心地位，对教学效果起决定性作用。但在网络时代，学生可以通过多种途径获取信息资讯，教师逐渐失去了在知识传授过程中的主导地位。有观点认为，随着网络媒体的普及，我国已步入“后喻文化”时期。这对传统的师生关系提出了新挑战，需要我们的教育者将教育理念由“教师中心论”向“师生相长型”转变，即立足学生参与互动融合理念，在分析学生诉求和认知行为、研究学生网络媒介使用习惯的基础上，制定出顺应时代发展特征、具有现实针对性的媒介素养教育培养方案。

（二）教育方法的创新发展

新媒体因其交互性、时效性、多媒体性、多元文化性等特征而受到当代大学生热捧。现阶段，大学生不再将报纸、电视、广播等传统媒体作为获取信息的唯一渠道，而倾向于借助 App 移动应用服务、SNS（Social networking services，社会性网络服务）等新媒体平台获取资讯，享受参与和互动的乐趣。这就对教育方法的创新发展提出了更高要求，需要基于参与式文化形式，即联系、表达、共同解决问题和循环，改变原有灌输式、一言堂的教育方法，而更为注重学生与周边环境的融合、自身感受与意见的表达、团队成员的交流互动、多样化的传播形式和交叉性的传播平台等。

（三）评价反馈机制的完善

詹金斯曾提出 12 项新媒介素养能力，即游戏能力、表演能力、模拟能力、挪用能力、多重任务处理能力、分布性认知能力、集体智慧能力、判断能力、跨媒介导航能力、网络能力、协商能力、可视化能力。这表明网络时代对于个人媒介素养的需求是新媒介发展在技术和内容上对受众能力的更高层次要求，也是来自受众在新媒介中希望满足自己在社交、

尊重、自我实现等更高层次需求的结果。为顺应新时代的人才培养需求，要进一步完善现有媒介素养教育中的评价反馈机制，将仅仅注重媒介文本阅读理解能力延展至注重对实践参与能力、角色转换表现能力、信息采集再加工能力、监测环境把握事物关键细节能力、了解尊重适应多元文化能力等综合能力考查。

二、加强大学生网络媒介素养教育的必要性

虽然部分教育界及学界人士已经意识到网络媒介素养教育的意义和价值，但总体而言，我国的网络媒介素养教育依然处于初级阶段，具体表现为以下三个方面。

（一）缺乏公共政策的制度保障

大学生网络媒介素养教育作为一项亟待开展的系统工程，需要政府部门牵头制定相关公共政策，对该项工作的技术支持、经费保证、协调推广、具体职责等进行顶层设计和统一规划协调，建立覆盖课堂教育、社会教育、家庭教育的全方位、立体化的教育体系。

（二）缺乏课程体系建设和规划

目前，国内大部分高校未将大学生网络素养教育课程纳入教学大纲中，未明确要求学生掌握媒介素养基本知识和能力，未开设媒体传播运作、媒介内容赏析批判、传媒法规与伦理等方面的课程。事实上，将媒介素养教育纳入高校课程体系建设，要求学生通过修习指定课程掌握有效获取媒介讯息、了解媒体运作功能、批判选择媒体传播内容、制作传播媒体作品等能力，是提高大学生媒介素养和综合素质的重要途径。

（三）缺乏科学调研和系统研究

目前，国内对于媒介素养教育的研究主要集中在介绍西方媒介素养教育开展情况、媒介素养基本内涵及认知、媒介素养教育的重要性等方面，缺乏对国内大学生开展网络媒介素养教育的科学调研和系统研究，缺乏符合我国国情和大学生特征的教材和教育宣传片等。

在参与式文化下，结合我国国情和高等教育发展现状，加强大学生网络媒介素养教育培养，可以从政策制定、课程开发、教师培养、社会实践、科学研究等环节入手，构建具有现实针对性和可行性的网络媒介素养教育体系。

1. 顶层设计

政府管理部门应通过相关政策的制定和执行，将网络媒介素养教育纳入教育规划体系和公民教育体系，明确网络媒介素养是新时期必备的公民基本素养。约翰·庞甘特在调查世界各国媒介素养教育实施状况后认为，“媒介素养教育成功的要件包括教师的教学意愿、学校行政的支持配合、培训机构的师资设备、常态持续的培训、专家的支持、充分的教学资源、教师自发性成长团体运作”。为保证我国媒介素养教育有效开展，政府管理部门必须发挥顶层设计和统筹协调作用，通过加强宣传教育，净化网络舆论空间，引导公民了解并自觉遵守网络法规和伦理；通过制度保障、经费投入、政策支持等手段，统筹协调高校、

研究机构、新闻媒体、民间组织等社会资源，为大学生网络媒介素养教育工作的开展提供必需的政策支持、物质支持、智力支持，促成政府统筹、高校主导、社会参与的网络媒介素养教育体系的构建和完善。

2. 课程配套

高校应加强网络媒介教育课程开发管理，将相关课程纳入人才培养规划和课程建设体系；学习借鉴其他国家或地区的课程设置方式，采用专业课程、课程融合、跨学科整合、主题教学等课程模式。例如，德国将媒介素养教育融入计算机课程中，借此引导讨论社会政治议题；我国台湾地区将媒介素养教育与哲社课程相融合，注重学生的情感体验和互动参与。

3. 队伍建设

重视高校教师媒介素养能力的提升，将媒介素养纳入教师考核体系。媒介素养不仅是专业课程教师所须具备的基本能力，也是其他专业或学科教师、行政人员所必须具备的基本技能，包括感知理解媒介的能力、选择整合媒介内容的能力、利用媒介创造传播的能力等。提升高校教师媒介素养的根本目的在于使教师通过教学科研活动，将认识、理解、整合、批判媒介的基本素养在潜移默化中传授给学生，提升学生的媒介素养。高校可以通过完善优化现有考核体系，检验教师课堂教学和科研工作中体现出来的媒介素养水平，以及授课过程中的媒介使用能力、利用媒介制作传播教学内容的能力、媒介整合和信息选择能力等，并对教师是否注重课堂内外学生的实际参与和互动体验进行重点考核。

4. 课程设计

将媒介素养教育与第二课堂教育相融合，在社会实践、志愿服务、科研创新等方面加强网络媒介素养教育。“参与式”文化体系所具有的注重个人体验和互动参与特性，与大学生第二课堂教育相得益彰，契合了其文化育人、实践育人、环境育人的育人理念。例如，引导学生利用网络媒介获取、创作、传播信息，选择网络媒介平台进行项目和实践的宣传，以网络媒介素养为研究对象开展研究，利用网络媒介开展社交，提高团队及项目知名度，在实践中提升并检验自身的媒介素养能力。

5. 实践结合

鼓励、扶持网络媒介素养教育的科研工作，在课题申报、征文、竞赛中予以重点关注，鼓励高校思想政治工作者、专业教师、行政人员开展网络媒介素养研究，并对具有一定研究价值的项目给予扶持，推动研究成果转化。对研究者给予技术、资金、物质等方面的支持，提供平台鼓励研究者开展对外交流合作，学习借鉴其他国家或地区的有效经验，推动我国大学生网络媒介素养教育的开展。

三、“互联网+”时代我国大学生媒介素养教育存在的问题

新媒体语境下大学生媒介素养存在的诸多问题，主要原因在于我国媒介素养教育的长期缺失。要想除此弊端，就要加强完善新媒体的监督管理体系，更重要的是要调动社会、学校、媒体与家庭四方的联动作用，构建四位一体的媒介素养教育体系。

（一）高校媒介素养教育的缺失

高校教育是大学生提高媒介素养最直接有效的途径，但目前我国大陆地区的高校普遍不重视大学生的媒介素养教育，教学实践基本处于空白。尽管我国对媒介素养教育的研究已有多年历史，但仍然停留在理论阶段，没能从我国媒介生态的大环境中对媒介素养教育实践提出有益的建议。

在实践中，只有少数大学生能通过有限的校园媒体资源去参与、体验媒介的运作，但过程中缺乏专业老师的指导和培训，基本处于自发状态。在理论上，除了传媒相关专业的学生，学校很少面向其他专业的学生开展关于媒介素养教育的相关课程讲座。

（二）新媒体中“把关人”作用的缺位

教育并非一定来自课堂，大学生对媒体的接触、实践也是一种间接受教育的方式。新媒体所提供的价值取向，无论是对信息价值的判断还是对事件思考方式的提供，都会潜移默化地影响大学生对客观世界的认知判断，甚至为他们形成价值观提供参照。在新媒体环境下，传者、受众的界限模糊，“人人都有麦克风”、人人都是“把关人”，但是专业素养的缺乏使得信息的真实性和质量难以保证。值得注意的是，在新媒体中是否进行把关，更多的不是能力问题，而是态度与观念问题。为了获得眼球经济，争取更多的受众，网络媒体的信息筛选加工往往只看市场标准，使得许多虚假、媚俗的信息充斥其中。新媒体公信力的降低和“把关人”的实际缺位，会给大学生带来负面影响，使他们形成重物质享乐、轻责任理想的风气。

（三）国内媒介素养教育体系建构不足

在我国，“素质教育”的口号已经喊了很多年，许多地区也纷纷出台文件，试水教育改革，但是始终无法撼动拥有悠久历史的应试教育体制。这使家庭和高校对青少年的培养带有明显的功利主义色彩，追求实用和速成。而媒介素养教育的成果是寓于长期、持续的教育之中的。这两者间的矛盾揭示出我国媒介素养教育难以形成规模的社会历史根源。

此外，我国媒介资源有限而人口数量庞大的现状也使媒介素养教育的推行缺乏硬件支持，难以形成一定的规模和体系。同时，媒介素养教育缺少政府部门政策制度的支持和推行媒介素养教育的专门机构，这也是社会各界对媒介素养教育的紧迫性和重要性无法形成正确认识的根本原因所在。

四、针对新媒体环境下我国大学生媒介素养问题的解决措施

为了提升我国大学生的媒介素养，针对新媒体环境下大学生媒介素养存在的问题，结合国外先进的媒介素养教育成功经验，我们提出了以下两个方面的解决措施。

（一）学校方面

1. 开设媒介素养教育课程，建设高素质媒介素养教育队伍

媒介素养是一个新的课题。目前为止，我国的媒介素养教育还未完全找出一条适合本国国情的道路。大学生对于媒介素养这一名词既熟悉又陌生，对于媒介素养教育学科的含义也缺乏较为理性的认识。在大学教育中导入媒介素养教育课程，结合各高校的优势力量，是解决大学生媒介素养问题最有效、最科学的方法之一。高校在课程的设置上，高校可以采用开设实践性课程与多元理论性教育课程相结合的模式。另外，学校还可以通过举办相关讲座、辩论会等活动，以不同形式促进大学生树立正确的新媒体观念。

2. 营造媒介教育氛围，进行媒介素养宣传

媒介素养要进入校园，融入大学生的生活中，还要经历一个大家认识和认可的过程。因此，大学校园应充分利用自身传播文化知识的优势，加大对媒介素养的宣传力度。校园广播、电视台、报纸、期刊、社团等都是校园媒介素养宣传的舆论阵地，它们作为在校学生的精神环境，对大学生有着不可替代的潜移默化的影响。所以，加强校园媒介素养宣传，就要形成全方位的校园舆论环境，利用各种媒介形式和手段，营造良好的媒介教育氛围。

3. 充分利用大学校园资源，增加媒介认知

传媒作为一种合理存在并蒸蒸日上的事物，它的内容和灵魂在当今大学生的生活中是无孔不入的。大学校园有着各式各样的教育、学习工具。校报、校园广播电台、电视台、校园微博等都是大学生可以接触并参与其中的媒介资源。高校应鼓励大学生充分利用校园媒介资源，如建立校园校报编辑室，让学生亲自去采集、编辑、制作和发布信息；开设校园微博，建立校园微博管理委员会，让学生参与微博的传播和管理的一系列过程中。

（二）媒介方面

1. 媒体和大学校园合作，为大学生提供实践平台

媒介素养教育与媒介实践是双向互动的，大众媒介应与大学校园“联姻”，为大学生提供更多的实践机会。例如，传媒与校园联合发起一次“DV 校园新闻制作”大赛，媒介专业人士走进大学为学生提供专业指导，使大学生实现拍摄—加工—制作的全程亲自参与，最后评选出优秀的作品在媒体的某一平台播出，使同学们在获得成就感的同时还能收获相应的媒介知识。网页制作大赛、校园新闻制作大赛等无疑都可以成为媒介与校园合作的最好形式。与此同时，学校还可以定期邀请知名主持人、经验丰富的编辑人员、记者等走进

高校，与学生进行面对面的交流互动，增加大学生对于媒介的感性认识，消除大学生对于媒介的陌生感。只有这样，才能使大学生不被媒介的形式和内容"牵着鼻子走"，成为媒介的理智消费者而不是单纯地鉴赏、浏览传媒发布的信息或是仅仅热衷于新传媒所带来的新感觉。

2. 媒介发挥"把关人"的作用，提高自身的公信力

媒介在信息生产和信息传播方面应扮演好"把关人"的角色，各式各样的传媒文化给大学生的价值取向带来强烈的冲击，在很大程度上影响着他们的人生观和价值观。面对大千世界芸芸众生中纷繁复杂的各种信息，媒介往往掌握着这些信息能否发布和传播的选择大权。媒介理应帮助大学生认识社会、积累知识，使每一位大学生在媒介所传递的正确价值导向中受益。因此，新闻工作者就应努力提高理论水平，努力提升自身的采编写基本素质，同时要坚持正确的舆论导向，以正确的舆论引导大学生认清真实的信息。此外，媒介从业人员必须具有职业道德，对自己的职业行为所产生的社会作用和社会意义承担相应的责任。

第二节　构建专门的网络平台

当今社会，网络以其丰富的信息储备，已成为人们获取信息的重要平台。特别是在高校中，随着校园网络和信息化建设日益完善，信息化校园这一校园形态的重要性更为突出，网络已成为影响校园文化建设的重要外部因素，从中共中央、国务院发布的《关于进一步加强和改进大学生思想政治教育的意见》可以看出，校园网成为师生学习、生活和开展思想政治教育的重要平台已是必然趋势。对此，高校应抓好网络平台建设，使校园网成为服务大学生学习、生活的窗口；科学设计平台，强化网络平台的功能，使校园网成为为师生提供便利的重要工具；合理利用平台、提升网络平台的价值，使校园网成为开展大学生思想政治工作教育的重要渠道；深层开发平台，丰富网络平台的内容，使校园网成为大学生参与校园文化建设的主要途径。

一、高校网络平台构建的有利条件

（一）时代发展的需要

在互联网迅速发展的时代背景下，网络已经与人们的生活息息相关，其用户群数量大、覆盖年龄范围广，影响力正随着时间的推移逐渐凸显，它以其特有的平台特性默默地影响着人们的价值观念和思维方式，以其资源丰富的特点改变了人们的学习方式，以其高效便利的特点改变了人们的交往方式。中国互联网络信息中心第 29 次调查统计数据显示，大

专及以上的学历人群的互联网使用率最高达96.1%，成为互联网普及率中最高的群体。因而，高校应牢牢抓住这难得的契机，在学生的教育与管理中融入更加多样、更加吸引人的方式，使教育、管理、服务三育人的功用在网络平台中得到淋漓尽致的发挥。在高校新校区的文化建设及信息化建设方面，可依托社会上已形成的较成熟的网络平台，这些平台经过测试及使用更具有适应性，减少了因网络平台硬件问题带来的发展困扰。

（二）发展前景好

校园网络平台因其网络特性，具有活、全、新、快的众多特点和优势，同时也有利于用户的使用和参与。校园网络平台既是传播校园主流文化的新阵地，也是高校文化内涵、办学精神、优势特色的最佳展示窗口。虽然高校由于发展时间相对较短，在网络平台的构建上较为滞后，但这反而减少了改革及发展的阻碍，不会因为固化的思维方式限制了前进的脚步，降低了改革引起的阵痛，因而在发展网络平台、积淀校园文化的道路上能走出全新模式。

二、高校新校区网络平台构建遇到的问题

（一）启动实施有阻力

新校区由于发展时间较短，在现有的建设期内校园文化还没有形成明确的发展方向，且在文化积淀性方面存在不足，利用网络平台开展校园文化建设还处于空白阶段，建设起点相对较低，加之人力、资源等投入上的不足，新校区在启动实施网络平台方面具有不小的压力。

（二）形成特色较困难

具有较长发展历程的老校区因其长期的文化积淀，通过实践探索，在网络平台等建设方面已初具规模，形成了符合学校特点的校园文化建设途径。而高校新校区成立时间一般较短，且目前国内高校数量多，不论是行业特色高校还是综合性高校，都在寻求新的发展，在这样的背景下选择并走出一条特色道路相对较难。

（三）可用资源较匮乏

新校区处于起步期，专业人员、配套资金、有关信息源等软、硬件条件不足，系统的管理不到位，更多的是依靠其他部门提供的各类支持。在人力资源方面，不仅是数量及质量不足，更多的是学校管理人员对网络认识不全面。

三、高校网络平台的构建途径

（一）打造特色网络品牌

校园网络平台关键性的指标在于内容、准确度及更新速度等方面。目前的高校学生大

多是随着网络成长起来的，若想利用网络吸引他们的视线，需要具有特别的形式、丰富的内容、急速的更新。因此，高校校园网络平台应该改变原有的形式呆板、内容简单、功能单一、更新迟滞等不足，更好地解决吸引力不足、利用率低等问题。应完善校园网络平台的功能，提高用户参与程度，加快、加深与校园文化的融合，更好地促进高校的发展。针对上述情况，高校在打造特色网络品牌时应更好地利用社会上已较成熟的、影响力较大的媒介。

（二）优化校园门户网站

校园门户网站是每一所高校在网络中展示的绝佳平台，是发布相关信息的固定渠道。在门户网站上可以尝试开辟校园特色专栏，如重庆邮电大学的“红岩网校”、河南农业大学的“太行之路网站”等，大多是以本校学科特色为核心，围绕主体用户——学生，将思想政治教育、专业知识、科学技术、就业引导、特色文化等模块组合。设计优良、布局合理、内容新颖的校园网站不仅能提高社会关注度，更重要的是能吸引更多学生关注校园门户网站，积累荣誉感及归属感。打造校园官方微博，官方微博是网络发声的新媒介，高校、企业、政府等纷纷开通了官方微博，在扩大宣传面的同时，能更加快捷地发布信息，发起交流互动。学生手持手机刷微博已成为一种时尚，利用微博的特性，校园官方微博可以将学生的注意力凝聚起来，通过发布社会热点问题与话题、普及与学生学习和生活相关的知识与信息、组织学生参与活动及话题互动等，利用微博消息发布及时、传播面广等特性，更好地配合其他校园文化建设活动的开展。

（三）建设其他网络平台

当前，其他网络平台，如贴吧、微信、论坛等也成了新型的交流平台。随着移动终端技术的提升和革新，更多网络用户使用手机或者平板等终端设备参与网络互动。如今大学生使用手机刷微信、逛贴吧、进论坛已经成为一种普遍现象，此类网络平台已经成为学生闲暇时光抒发个人情感、相互交流的一类重要平台。高校应当重视此类公开网络平台的开发和应用，利用此类平台用户群庞大的优势，推出有特色的高校平台，辅助开展大学生的伦理道德教育引导，促进校园文化建设。

（四）充分挖掘潜在人力资源

网络之所以迅速发展得益于前所未有的更新速度以及良好的参与性、互动性，相较于纸质媒介，电子媒介越来越多地融入人们的交往之中。构建校园网络平台不仅仅是一定的物质投入，更加需要开发校园内所特有的、庞大的潜在资源——人，动员好、开发好潜在的人力资源既是发挥好人的主体性作用，更是人本主义理论应用于学校教育中的合理化体现。高校要充分动员专业教师、辅导员群体，集思广益创新内容、提高技术，积极参与校园内各项文体活动，转载、转帖；充分动员学生干部、学生党员等其他学生群体，学生既是校园网络平台的受益者，同时也是参与者。通过利用现有群体、挖掘潜在资源，可以使教育者及受教育者都参与到网络平台的宣传、构建中去。

（五）建立健全管理体制

大学生在社会网络中是最活跃的群体，也是网络互动参与量最大的成员。因而，高校的各部门及院系应提高对网络平台重要性及必要性的认识，加大投入，尽快开发校园网络平台；高校应针对如何引导网络评论、控制网络舆情、监管网络动态、处理网络突发情况等建立专门的技术团队，维护、管理、利用好网络平台。在现有的校园管理制度的基础上，要规范和创新校园网、各平台管理机制，通过统一的管理规章制度明确管理者、参与者的义务与责任，规范管理、教育引导学生形成良好的网络道德，使校园网络平台的使用秩序井然；建立校园网络平台的各级管理体系，使网络信息的监控、收集、分析、干预等反应机制更为完善，保证校园网络平台的正常运转。

（六）营造校园网络文化，共筑品牌校园文化

高校校园文化因网络的介入而更加丰富、鲜活，同时对高校思想政治及德育工作也提出了新的挑战。打造内容丰富、功能完善、具有开放性的校园网络平台，可以引导学生健康上网，传播校园主流文化，展现高校的品牌特色。构建好校园网络平台、营造健康和谐的校园网络文化、共筑品牌校园文化既是对网络所带来挑战的有力应对，更能为全校师生提供更加有活力的成长空间。

第三节　教育、管理、服务一体化发展

随着高等教育改革的不断深化，高校办学规模越来越大，高校教学和学生管理工作面临诸多新挑战。这就要求教学与学生管理工作需应对新形势发展，实施全员联动机制，积极探索教学与学生管理一体化机制。

一、高校教学与学生管理体制出现的问题和弊端

在传统高校管理机制下，教学与学生管理统一性差，使得教学与学生管理在学校与学院之间得不到统筹安排，形成了“各自为政”的管理模式，由此引发了很多问题。

（一）教风建设与学风建设不能互相促进

普通高校一般实行两级管理模式，学校将管理重心下移至分院。不同的工作业务归属于不同的职能部门，分工明确。在学校一级层面，教务处主管教学管理工作，而学生处主管学生管理工作；在分院二级层面，教务办公室主管教学管理工作，而学工办公室主管学生管理工作。在同一个学校里，教学管理工作和学生管理工作是两个独立运行的不同的工作系统。这样的管理运行模式纵向工作关联性很强，而横向工作关联性很弱，导致学校、

学院两级的教学管理和学生管理工作在实际运行时，难以形成联动的紧密关系，更难以开创教风、学风齐抓并进的工作格局，即缺乏以教风引学风、以学风促教风的良性互动机制。

（二）学生成人与成才出现“两张皮”

由于教学与学生管理工作联动机制缺失，工作本位思想严重，专业教师只侧重于教书，不重视育人，学工人员只侧重于育人，不重视教学。教师和学工人员彼此之间缺乏必要的交流、互动与协助，导致管理分散，难以形成合力。这就直接导致学生在人格教育和专业学习上的不协调，成人与成才出现“两张皮”。高校在管理人员有限、工作量大的情况下，这种条块分割的工作模式必然会造成管理人员的严格分工，相应人员的流动和互助功能减弱，故而不能发挥管理群体的作用，工作效率不高。

综上所述，更新管理理念，探索综合管理结构，构建教学管理与学生管理一体化的管理模式势在必行。

二、实施教学管理与学生管理一体化的基础与优势

（一）各类高校间在人才、科研、资源等方面的竞争异常激烈

从传统的高校竞争方向与排序看，作为实施“985 工程”和“211 工程”的第一方阵的高水平大学为争创世界一流在努力拼搏；作为教学研究型的第二方阵的地方高校为进入国内高水平一流大学的竞争更是空前激烈；其他大学也是加劲发展，提高自己的水平和增强实力，竞争同样激烈。在这种情况下，高校如果沿袭别人的老路，以原有的思维模式、价值尺度和质量标准去发展，就很难有所作为。因此，高校不能采用单一路径，而要用更加开阔的视野、更有效的办法，集中更多样的资源，走多样化、跨越式发展的办学道路，才能既夯实基础，又能大胆、前卫改革，建立起新的视域、新的路径，充分运用好灵活激励的机制，发掘组织内部多样化的资源，走超常规发展之路，开启高水平大学的卓越进程。

（二）基本观念、基本价值、基本图景是不断改革创新的思想引领

比如，现代大学制度的“轴性理论”、坚持公办大学机制的稳定性和民办大学机制的灵活激励性相结合的“优势互补理论”下的充满活力和高效运行的社会主义民办大学办学机制的探索、“职业化全位理论”的现代大学不可或缺的管理模式思想等，为我们构建教学与学生管理一体化提供了思想指导。

（三）践行教学管理与学生管理一体化的初步思路

调整机构设置，优化人员配置，完善分工协调。一是撤销学生处，将学生处的部分管理职能划归教务处，教务处设置教学运行管理、学生管理、教学基本建设管理和实验实践教学管理四个处；二是继续强化二级学院管理职能的重心下移，分管教学的学院领导要协调学生工作，使教学与学生工作有效融合，加强、完善和优化学院办公室职能和人员配置，

学院办公室统一负责教学、科研、学工、党务、行政人事工作的日常管理，从而为教学管理和学生管理一体化提供组织保证。

（四）完善和创新一体化管理制度

在现有的教学管理和学生管理各项制度的基础上，根据一体化管理目标要求，优化学校学工部、学生社区、校团委与各学院协调功能，优化各学院教学与学生管理职能，探索建立一个运行有效的教学和学生管理一体化管理模式、管理制度，使学生教育管理“到边到底到位”。比如，可以试行教学与学生管理联席工作例会制度、任课教师和辅导员交流协作制度、教风与学风建设联动制度等，并计划由教务处牵头，社区、校团委、学生学业信息咨询中心、各学院共同参与，完成教学与学生管理一体化的基本制度框架建设，从而为一体化管理提供制度保障。

（五）加强教学与学生管理一体化的信息建设

教学管理和学生管理统一的信息系统的建成，可以实现信息的集中管理、分散操作、信息共享，使传统的管理向数字化、无纸化、智能化、综合化及多元化的方向发展。为此，高校要一步完善教学管理和学生管理信息系统的建设，以实现教学与学生信息资源共享及信息互动，促进管理的规范化，增强学校和学院两级教学与学生一体化管理协作，使其更好地为学校的育人功能服务。当然，教学与学生管理信息系统涉及面广、功能性强，它的应用在为学校教学与学生一体化管理工作带来高效、便捷的同时，也将对今后的教学与学生一体化管理工作提出全方位的、更高的要求。

（六）强化“全员育人”工作机制

学生培养涉及教与学两个方面，必须实现二者的结合才能达到培养人的目的。高校要积极探索建立一个全员联动一体化，跨边界、无缝隙，管理重心前移与教学班的“全员育人”工作体系，实行多层面、多角度、全方位育人管理模式，即广泛调动、充分利用各层面管理育人的积极作用，包括班委成员、辅导员、学生家长、专业任课教师、校领导等，全力培养德、智、体、美、劳全面发展的合格人才。

一体化管理模式不是简单的合二为一，而是一种相互统一和相互促进的管理运行机制。因此，我们要紧紧围绕教学管理和学生管理的连接点——“育人”，以教学为中心，激发教师教学的育人功能，促进专业教学和学生管理相互融合，从而逐步建立一个有特色、有效的教学管理和学生管理一体化的管理模式和运行机制。

第四节　科学性、时代性、层次性相融合

学生管理工作是学校教育的重要环节。随着高校大学生自杀、暴力、状告母校等事件

不时发生，高校学生管理工作日益成为社会关注的热点。以往主要运用制度化管理的高校传统学生管理方法开始受到人们的质疑。随着社会的文明进步以及对现代高校管理理论的研究，人的重要性凸现出来。要解决学生管理工作的弊端，必须在学生管理工作中实现制度化管理与人性化管理的有机融合，充分发挥学校和学生双方的主动性，从传统的学校管理学生变为学校管理和学生参与相结合，注重人文关怀，尊重学生人格，关注学生身心健康，实现学生的全面发展，满足社会对人才多样化的需求。

一、高校学生管理工作的现状

（一）学生管理理念滞后，管理体制僵化

长期以来，我国高校学生管理理念滞后，管理体制比较僵化，目前许多高校的学生管理还没有摆脱传统教育观念和模式的影响，与学生平等交流的机会少；空洞的说教多，心理交流、辅导少；管理的色彩浓，服务的色彩淡；学生管理的权限和主体不明；当学生的权利遭到损害时得不到有效帮助；等等。这些情况导致了学生对学校的管理很反感，从而表现为学习积极性不高，难以配合学校的管理工作，导致我行我素等不良结果。这些矛盾产生的缘由是多方面的，但从高校学生管理工作方面进行反思，学生与学校之间的纠纷，问题可能多出在学生的管理方面。高校学生管理工作有很多具体目标，但这些具体目标都必须围绕一个根本目标，朝向一个价值中心——学生的全面发展。这就要求在学生管理工作中坚持人本理念，强调把维护学生的尊严和价值当作管理的最高目标，把学生的长期生存和长远发展当作管理的根本所在。高校学生管理工作是坚持以管为本，还是坚持以人为本，这是两种不同的理念，这两种不同的理念直接导致不同的管理行为和效果。事实证明，实施人性化管理，不仅可以有效化解学生之间的很多矛盾，降低学校管理成本，而且有利于构建民主、健康的师生关系。

（二）学生管理工作形式单一，趋于表面化

目前我国高校强制性的学生管理理念仍处于主导地位，管理形式过于单一。在新的历史条件下，学生管理工作必然会遇到新问题，发现新情况。高校不断完善学生管理制度，这既是时代对学生管理工作的要求，又是“以生为本”的具体体现。反思以前的学生管理规章制度，充斥的是行为规范、处罚条例和奖惩细则，这类制度置学生于被看管、被监督的环境之下，管理工作趋于形式化、表面化，导致学生的潜能和个性被深深压制，积极性和主动性大受挫折，使得从学生思想深处去分析问题和解决问题成为一纸空话，尤其在心理问题的开导、人生目标的确立、专业方向的选择等涉及学生发展的大问题上，缺少必要的指导和帮助。在这种氛围中培养出来的学生很难成为具有创新思维、健全人格的全面发展的人。而现代社会需要的是创新型人才，只有在和谐宽松的氛围中，学生的个性、兴趣与潜能等才能得到有效的培养和发掘。因此，强调以学生为本、尊重学生的人性化管理方式必然被提上日程。

（三）学生管理工作者的业务素质跟不上时代发展的步伐

随着素质教育的全面推进，学生管理工作更加强调全面性、层次性和现代性，这就要求学生管理工作者拥有更广泛的管理学知识和懂得采用现代化的管理手段。目前，由于许多高校对学生管理工作者缺乏切实可行的激励机制和管理措施，导致学生管理工作者出现了事业心和责任心欠缺、工作积极性不高的现象。同时，较多高校学生管理工作队伍在组成上采用专兼职相结合的方式，有些兼职辅导员或班主任由于重点关注科研和自身业务教学，致使他们花在学生管理上的时间较少，与学生缺乏必要的交流和沟通。另外，大部分兼职教师在学生管理方面的理论知识欠缺，再加上学生管理工作者出去学习、进修和提高的机会较少，导致他们的业务素质不能适应时代发展的需要。

二、学生管理工作制度化与人性化有机融合的意义

（一）学生管理工作制度化与人性化相融合克服了单纯制度化带来的弊端

以往传统管理模式下的强制性管理，只关注理性因素而忽视了人的因素，学生管理工作程序化、标准化和规定化。这种模式可使各级学生管理工作者职责分明，学生管理工作井然有序地展开，其不足之处在于使学生管理工作者缺乏创造性和积极性，导致对学生的教育和管理机械化，学生本人的潜能、兴趣和个性等得不到有效的发掘和培养。学生管理一定要因人、因时、因事而异，应采用刚柔并济、人性化的管理方式，充分发挥学生的主观能动性，使学生由“要我学”变成“我要学”，这是未来学生管理发展的趋势，也是当今社会发展的要求。在专业教学上，我们提倡“因材施教”。在日常学生管理工作中，同样需要因人而异，对症下药，对待不同的学生要采取不同的管理方法，只有这样才能尊重和促进大学生的个性发展。

（二）学生管理工作制度化与人性化相融合是学生管理工作发展的必然要求

无论是制度化管理还是人性化管理，其目的都是最大限度地调动师生的积极性，顺利实现管理目标——学生的全面发展。而激励大多数人、约束少部分人是制定制度必须遵循的原则，因此，制定规章制度应得到大多数师生的认可并形成共识，使作为执行者的学生能积极感受到自己的义务与职责并自觉遵守，而不是消极地服从与执行。在规章制度的执行中，还要注意把握适度原则，坚持原则性与灵活性相统一，对学生中的具体问题要因人而异，灵活处理，这些都是人性化管理的基本要求。随着时代的发展和高校学生管理工作的改革，要求人性化管理的呼声越来越高，这是大势所趋，也是学生管理工作发展的必然要求。

（三）学生管理工作制度化与人性化相融合是培养高素质大学生的现实需要

现在00后的大学生绝大部分是独生子女，有些学生自尊心和个性比较强，凡事以自

我为中心，欠缺尊重别人、关爱别人，更不懂替别人着想、换位思考，缺乏实践能力和社会经验，承受挫折的能力较差。上述情况表明，传统的“一刀切”的学生管理模式已不适应大学生综合素质培养的要求。人性化管理正是针对不同层次的大学生所采取的“量身定做”的管理方式，这种模式把“教育对象”变成“服务对象”，由过去的强制性管理转变为现在的服务性管理，这是管理理念一个根本性的转变。这种管理理念的本质就是以学生为中心，明确学生是教育和管理的主体而不仅仅是管理的对象，是按照社会对大学生的素质要求实施的人性化管理。

三、学生管理工作制度化与人性化两者关系认识上的误区

（一）制度化与人性化在学生管理工作中是互为对立的关系

制度化管理是以制度规范为基本手段，协调组织机构协作行为的管理方式，是强调依法治理，严格依循规章制度，不因个人因素而改变，强调“规范化”的一种管理。纯粹的制度化管理较少考虑个人因素，是一种刚性管理。而人性化管理，从字面意义上说，即是以人为本，在管理中理解人、尊重人，充分发挥人的创造性和主观能动性。人性化管理在于实现个体的发展与价值，是一种柔性管理。因此，部分学生管理工作者认为，制度化管理和人性化管理是矛盾的两个对立面，若强调制度化管理就无法实施人性化管理，若重视人性化管理就兼顾不了制度化管理，两者不可兼得，否则就不是纯粹意义上的制度化管理或人性化管理。事实上，人性化管理和制度化管理并不是对立的两个极端，而是在不同层次上的两种管理手段。相比较而言，人性化管理是在制度化管理的基础上，更着重于人性化。所以，人性化管理是学生管理工作的目标和方向，制度化管理是人性化管理的基础和保障，两者缺一不可。人性化管理强调的是管理的艺术性，而制度化管理强调的是管理的科学性。没有制度化管理，学生管理工作将失去标准和依据，而没有人性化管理，学生管理工作将失去长远发展的根本。人性化管理必须以制度的完善为基础，二者是相辅相成、不可分割的。

（二）人性化管理等同于人情化管理

有些学生管理工作者认为，人性化管理会因人性的弱点在管理中暴露出来，从而使管理混乱，以至于毫无章法。在这里需要分清一个概念，这就是人性化管理不等于人情化管理。人性化管理是以严格的规章制度作为管理依据，是科学而具有原则性的；而人情化管理则是没有制度作为管理依据，单凭管理者个人好恶，没有科学根据，非常主观的一种管理状态。所以，人性化管理并不是完全抛开制度而只讲人情的，它在制度规范的基础上，更多地考虑人性，从而促使学生能够更全面地发展。因此，“人性化”是在管理制度前提下的“人性化”，它强调的是在管理中体现“人情味”，让管理不再“冷冰冰”。人性化管理的核心是信任人、理解人、尊重人、帮助人、培养人，给人更大的发展空间，给学生更

多的关爱，从而提高学生的积极性、主动性和创造性，激发优秀人才的良好创新意识和创造能力。

四、实现学生管理工作制度化与人性化有机融合的对策

随着全球经济一体化和网络的迅猛发展，学生的思想观念日趋复杂，传统的学生管理工作的管理理念、管理体制和管理方式已难以适应新形势发展的需要，新时期高校学生管理工作改革和创新势在必行。

（一）建立科学、规范、完善的学生管理人性化制度是基础

人性化管理是建立在科学合理的制度之上的，离开了合理的规章制度和规范的管理，学校的管理将没有寄托，各项工作将成为一盘散沙。规章制度是依法治校的基础。因此，必须建立科学、规范、完善的制度体系，通过制度来充分表达学校对学生的管理态度和要求。关键是制度要科学合理，符合时代发展要求，既要体现对学生的要求，又要充分信任和尊重学生，同时还要体现学校的管理手段和方式。要以教育为主、处罚为辅，并为进一步促进学生全面发展营造更加宽松的氛围和空间。这就要求学生管理工作者经常开展调查研究，充分了解当代大学生的思想动向，听取他们的合理需求，甚至让他们参与制度的制定，使制度的产生立足于学生的现实需要，制定出公正合理、严格平等的学生管理制度。人性化管理不是放任管理，更不是人情化管理，人性化管理是以严格的制度作为管理依据，是科学规范而具有原则性的，它不是降低规章制度的严肃性和公正性，而是更注重提高管理学生的艺术，改变管理的方法和方式，其最终目的是要教育、培养和发展学生。

（二）转变观念，牢固树立“以学生为本”的管理理念是关键

理念主导行动。要做好高校学生管理工作，最重要的是转变观念，牢固树立服务意识，采取换位思维的方式，从学生的视角去看待问题和解决问题。各项工作必须立足于学生现实发展的需要，围绕调动学生的创造性和积极性而展开，把工作的着力点放到研究学生关注的热点和焦点问题上来，始终将学生的愿望和呼声作为工作的把手，把学生是否满意作为检验工作的尺度，让个性在制度允许的情况下得到充分自由发挥。要积极构建学生成长成才的管理服务体系，从以强制性教育管理为主的工作格局转变到强化服务、引导和沟通的新格局上来，由传统的“教育管理型”向“教育管理服务型”转变，牢固树立“以学生为本”的管理新理念，使学生管理工作真正抓出成效。

（三）注重提高学生自我教育、自我管理能力是重点

自我教育能力是指学生自觉主动地把社会要求的思想道德规范在内心加以理解，并通过实践转化为比较稳定的自觉行为的能力。当代大学生参与意识较强，他们乐于对自身的生活、学习进行决策和控制，因此，有效调动学生的主观能动性，激发学生的参与意识，建立和实行学生工作以管理者为指导、以学生自身为中心的服务型管理模式，充分发挥学

生在管理工作中的主体性作用。要善于多角度引导学生，采用多种形式，鼓励学生参与管理，培养他们的自律能力，尊重他们的民主权利，唤起他们强烈的责任感，做到把外部的制度管理与学生内部的自我教育有机地结合起来。学生参与管理的形式是多种多样的，如组织学生成立自律会，检查、督导学校各项规章制度的执行情况，引导学生在管理过程中进行自我反思和自我教育，树立自律、自强意识，帮助学生完成从“他律”到“自律”的转变；让学生参与伙食管理委员会、宿舍管理委员会或担任班主任助理等工作，组织开展各项文明评比活动，学生有权对关系根本利益的大事向学校提出建议；放手让学生会、团委以及相关社团组织开展各项活动，体现学生的主人翁地位。在这种管理模式中，学生具有双重身份，既是管理者，又是被管理者；学生既学知识又学做人，使他们的责任感和自我管理能力得到提高。

（四）建立一支稳定、优秀的学生管理工作队伍是保障

制度化与人性化有机融合的管理模式对管理者提出了更高要求。在学生管理中，每个管理者主观能动性的发挥，都直接影响着工作的质量和效率。因此，做好学生管理工作，就必须建设好辅导员和班主任队伍，不断把德才兼备的年轻干部和优秀毕业生充实到学生管理工作队伍中来。榜样的作用是有效管理的关键。教师作为管理者，要通过自己的行为去影响学生，因此需要教师具有良好的品德及知识素养，处处树立榜样作用，在管理中融入自身的人格魅力；在工作中还应注重学习，不断提高自己的理论水平和业务能力以及正确的决策能力；重视学生在管理中的重要作用，尊重学生，把他们视为自己的朋友，及时发现和表扬他们的优点，以个别提醒的方式指出不足之处，少当众批评，多用鼓励、启发、商量的方式，尽量避免使用命令语气；用公平、公正的心态对待学生，做到对学习好的学生从精神和物质上给予奖励，对出现差错或违反规章制度的学生，给予严肃的批评处理并帮助其寻找原因；在工作中应时刻保持谦虚的作风，善于多方听取学生的意见，修正工作上的不足和偏差。另外，还可采取听报告或讲座，出去调研或进修等多种形式，加大对学生管理工作者的培训力度，使之真正成为一支理论知识扎实、业务能力强、管理经验丰富的优秀队伍。

高校学生管理工作制度化与人性化有机融合是一种新型的学生管理工作模式。人性化管理和制度化管理并不是对立的两个极端，而是在不同层次上的两种管理手段。在制度化管理中加入人性化管理，实行人性化管理而不忘制度是管理的最高境界。因此，在学生管理实践中更新观念是前提，建立制度是重要保证，研究学生需要是基础，学生参与管理是基本原则，激励是重要手段。只有这样才能充分发挥“以学生为本”的教育理念在管理学生方面的作用，更好地促进高校学生的全面发展。

五、网络时代高校学生管理工作的新机遇

（一）网络对大学生学习和生活的正面影响

1. 网络成为大学生获得知识和信息的有效途径

网络是巨大的资料库和信息服务中心。大学生可以超越时空和经济的制约，最快地查找学习资料，学会更多课堂以外的知识，从信息中获取养料，完善知识结构。同时，网络又为大学生提供了角色实践的舞台，在这里可以大胆尝试，不断开拓。计算机网络的逐步普及，使得大学生能够从各种网络上获得千变万化的时代信息和人文科技知识，广纳精华，汲取各种知识营养，来发展和壮大自己。通过上网，社会经验不足的大学生得到充实和提高，他们可以通过网络了解校园文化、社会热点、国家大事、国际风云；了解政治、经济、文化、军事、哲学、科技的发展动向、历史沿革；进行休闲娱乐、感情交流、学术讨论等。所以，网络在很大程度上可以使青年大学生得到各方知识的陶冶，成为象牙塔中的社会人。网络作为一种教育手段，具有信息量大、传播速度快、影响范围广等特征。它不仅丰富了教育内容，拓宽了教育途径，帮助大学生在广阔的环境中学会和积累知识，而且有利于大学生发展和形成个性。尤其是校园网和思想政治网的建立和发展，为大学生接受知识提供了更有利的条件，可以使学生管理工作者了解到更为真实的学生思想动态，从而提高思想教育工作的针对性。

当前，我国仍以传统的灌输式教育为主，因材施教的方式很难做到，而登录各种各样的教育和科研网站，则可以弥补这一教育真空。例如，英语四六级、考研，各种层次计算机学习，数理化、历史、地理、医学、生物等各科目类别，均可登录相应网站，进行自学辅导、作业测验、大考冲刺、升学模拟考场等。每个大学生可以根据自身发展需要，浏览不同网页，来给自己加压充电。另外，还可以从网站上浏览和学习本高校不具备而其他高校具备的相关教学资料和实验条件，借鉴学习方法，达到居一校而学各高校、知己知彼、扬长避短的效果。

2. 网络有利于大学生开阔视野，培养创造型思维

网络是知识和信息的载体，它作为一个全新的事物进入我国，引发了创造性极强的大学生群体的极大好奇，也正是基于网络本身的广泛应用和软硬件技术的不断改进和更新，给广大学子带来了极大的创造空间：网页制作、电脑设计、三维动画、工业造型、电脑预决算、网络科研项目、网络课件教辅、远程教育技术服务、大学生网络创业大赛等，无不在内容和形式上激发了大学生的创新欲望。于是，一大批以在校大学生为核心的电脑公司、网吧公司、信息公司等学生企业应运而生，它们推动并引领了当今高校学子的无限创造激情，也给国家的未来和现实的经济发展带来了生机和活力。据调查，国际知名品牌“海尔”就从全国各高校猎取了大批在高校学习中创造性极强的学子充当其技术核心力量，“北大

方正”“清华同方”旗下更有大批优秀学子的创造身影。据悉，每年各高校不断涌现大学生国家创造发明专利和技术项目的拍卖。同时，网络时代的发散性思维方式取代了传统思维所固有的较狭隘、死板的弊端，有利于培养大学生的发散性思维，帮助他们正确地看待周围的人和事，树立科学的世界观和人生观。

3. 网络扩大了大学生的人际交往范围，有助于建立良好的人际关系

心理学家普遍认为，良好的人际关系是心理健康的标准之一。相关实证研究也表明，人际关系与个体心理健康有着密切关系，良好的人际关系有助于个体心理健康。一个缺少朋友、不能与他人和谐相处的人，一定是心理不够健全的人。不同学派的学者，无论是在心理疾病的原因探讨还是心理治疗技术的研究中，都非常重视人际关系的地位和作用。沙利文认为精神病包括人际关系中不适宜的整个领域，主要是由于患者的童年人际关系被破坏，从而产生严重的焦虑感，导致精神的分裂。在人本主义心理学者看来，人际关系与心理健康二者的关系问题是心理健康和治疗研究的中心问题。他们认为，自我实现者的重要特征之一就是能够与他人建立良好的人际关系。认知心理学倾向的学者们则主要从人际问题解决方面对人际关系与心理健康间的关系进行了深入探讨。

人际关系冷漠是现代社会生活中日趋严重的一种社会病。人们在钢筋水泥的“森林中”孤独地出没，急切需要快捷便利而又自由的交际方式。网络交往使人们的交往空间扩大，人际沟通的时效性、便利性和准确性提高，有利于良好人际关系的建立和发展，并且对学生网民心理健康带来积极的影响。在传统交往方式下，个体的人际交往常常囿于实际生活中狭小的生活圈子。网络社会的人们却可以跨越千山万水，突破地域空间的限制，让整个地球变成一个小小的村落，真正实现“我们的朋友遍天下”。它可以让人足不出户在数秒之间找到多年挚友般的倾心感受，而免去彼此的客套、试探、戒备和情感道义责任。同时，由于网络人际交往的匿名特点，学生网民间一般不发生面对面的直接接触，使得网络人际交往比较容易突破年龄、性别、地位、身份、外貌美丑等传统人际交往影响因素的限制，建立更为和谐、民主、平等的人际关系。

网络不仅使一般的社交便利性提高、社会圈子扩大，而且解决了某些具有特殊困难者的社交问题。例如，新型冠状病毒流行时期，中小学生无法到校学习；一位面部严重烧伤的人可能因为自卑不愿或不敢接近他人；一位行动不便者可能囿于一隅无法让自己走入他人的生活圈子；边防哨卡的士兵可能因为交通不便和职责原因，无法与外界沟通……网络为这些特殊的人群提供了人际交往的全新天地。此外，网络也可以作为某些社交恐惧症患者系统脱敏治疗过程中的初级训练工具，让他们首先通过网络与他人进行无须直接面对面的接触和沟通，建立起人际交往的信心，随后再进行现实的人际交往训练。网络最突出的优点是它的交互性，它既是信息的载体，又是媒体中介，实现了人与人之间交流的畅通。花样繁多的论坛、聊天室、虚拟社区、情感驿站等使广大学子网民可以直抒胸臆，发表自己的见解和看法，并充分表达和表现自我，结交各种朋友，相互介绍经验，共同进步。目前，

在校大学生大多为独生子女，他们渴望与同龄人交流并得到认可；但独生子女在家庭中处于中心地位，在走出家门的人际交往中往往受到强烈的冲击和挑战，许多心理和情感苦恼常会随之而来。高校大学生问卷调查显示，大学生心理障碍严重影响了学习和生活，甚至有的大学生因此形成畸形心理并导致多种不良后果。同时，大学管理机制与中学不同，人际情感沟通减少，学业和未来择业的压力迫使各个学子为学习而忙碌，但是校园文化的丰富多彩又引发不定时人际情感交流的增加，这样网上交友就解决了专心学习和择时交友的矛盾。因为网上交友是“点之即来，击之即去”的速成交友方式，可以按大学生的学习闲忙而调度，在网上既可以推心置腹、抒发情感、交流思想和心得，又可以大发牢骚，排遣抑郁，达到缓解学习和精神压力的双重功效。

4. 网络为缓解和宣泄大学生个体的不良情绪提供了良好途径

现代心理治疗理论非常重视宣泄在心理健康维护和治疗中的作用。心理咨询和治疗者的重要任务之一就是为受到压抑的心理症结提供宣泄和释放的渠道。但是，由于传统观念和行为习惯的影响，很多人在遇到各种烦恼和心理问题时，往往没有勇气或不习惯找心理医生，也不愿意向身边熟悉的人倾诉。这种忌“心病”现象和“家丑不外扬”的普遍心态显然不利于个体心理问题的及时解决，也不利于个体心理健康。网络的匿名性特点为学生网民不良情绪的及时释放和网民之间的情感帮助、心理支持提供了新渠道。

目前互联网上的心理健康站点主要包括高校心理学系主办的站点或主页、网络心理医院站点或主页、个人创办的专业心理网站或主页、心理学杂志社的站点或主页以及其他网站的心理专栏等。这些心理学的专题网站或主页尽管各自的侧重点有所不同，但它们都自觉担负起了普及心理健康知识、提供专业心理援助的责任。其主要内容涉及心理健康知识、心理健康状况自测、网络方式的心理咨询与辅导、心理医院和心理医生的介绍及求医预约、心理健康研究动态等。虽然由于经验、人手和资金等诸多因素所限，这些网站或主页的内容还不十分充足，质量也参差不齐，但是由于它们既方便快捷又具有较好的保密性，因而受到网民的广泛青睐，在一定程度上对网民的心理健康辅导起到了积极作用。

同时也应该看到，个体心理健康水平存在很大差异，低层次的心理健康是指没有心理疾病症状，高层次的心理健康是指人的潜能得到充分发挥或“自我实现”。因此，即使是正常人也要不断提高自己的心理健康水平。较好的心理健康水平往往意味着个体各种心理素质和谐发展。网络有助于提高网民的自信心，激发他们的想象力、求知欲和创造性，不断提升网民的心理健康水平。此外，各种电子网站的个人主页也为学生网民提供了一个施展才华的新天地。

（二）网络时代高校学生管理工作的新机遇

就教育主体而言，网络时代对教育主体提出了更高的素质要求，无论是学校政治思想教育指导思想的摸索、制定和贯彻，还是信息系统的建立、维护和改善，都离不开一支既有过硬的思想水平和觉悟又具备较高的网络管理才能和信息时代思维方式的教师队伍。教师应加强计算机及网络技术的学习，把网上研究与学生工作紧密结合起来，成为学生在信息世界中的指导者和组织者;应该树立一种“教会选择”的观念，调整自己的角色，从“教会顺从”的训导者变成“教会选择”的指导者。

就教育客体而言，网络为学生打开了沟通世界的大门，扩大了学生的交往面，但过度依赖网络，采用匿名的间接交流方式，逃避直接交往，不利于心理健康；网络让学生更自由地表现自己的思想，但往往过度自由、无约束会导致各种虚假、错误信息充斥于网上，缺乏明确的思想导向；网络有利于学生了解多元文化，但国际上的强势文化也会趁机冲击学生正确的世界观、人生观和价值观的形成。网络互动使学生人际互动的范围扩大、互动主体性增强、互动互助性增强；网络打破了语言、地域、身份、地位、社会制度、文化背景甚至心理等局限，扩大了人们的交往范围，从而有利于促使学生关心全人类，加速他们在世界大范围的社会化进程。但由于学生自身社会化不足、自我约束力不够，也会引发一系列问题，如民族认同感的淡化、自我角色失调、人际异化和自我异化等。

就教育环境而言，网络促进了人类文明成果的大交流和世界文化的大创新。这些新的人类文化成果丰富了学校德育的内容，扩展了德育的文化视野，形成了一个新的学校德育文化媒体环境，对学校德育教育有很大的积极意义。但网络环境具有易变性和难以控制的倾向，对我国社会的正规教育来说是一大挑战；网络形成了新的德育环境，传播的内容具有公开性、不可控制性的特点，它使青少年能够突破传统媒体对不良信息的限制，使以往所强调的“正面宣传”“突出主旋律”的传播原则受到了挑战。网络媒体环境的公开性为青少年学生的社会化创造了更为开阔的空间和更为便利的条件，网络所构筑的虚拟环境为学生提供了更大范围的社会实践环境。但这会使青少年学生过早地了解成人社会的内容，在社会化过程中趋于早熟，并且更快地世俗化，对他们人格的发展极为不利。

就教育内容而言，网络时代人们的交往方式、思想观念、道德价值取向发生了系统的改变，并产生一些新的道德需求，现实的道德规范在“网络社会”中已显得不足或过时，为了适应这一全新的社会环境，需要建构新的道德规范体系。因此，在网络时代，学校德育的内容应注重培养学生自主的选择判断能力、自律意识和自我约束能力。

就教育效果而言，网络作为一种沟通途径，有利于促进师生双方的沟通，有利于提高德育实效。另外网上资源丰富、信息共享，亦有利于提高教育者的视野，从而提高德育的质量。利用网络技术形成生动活泼的虚拟现实生活环境，可以为学生进行各种价值选择实验提供虚拟体验，提高学生的兴趣，从而提高德育效果。但网络信息环境的开放性和难以监控性，容易对德育效果产生消极影响。

首先，网络时代的来临有利于提高高校学生管理工作的针对性，为高校学生工作奠定良好的思想基础。在传统的高校学生管理模式中，学生处于一种接受知识的地位，不利于学生思维的发挥，创新精神被排斥或限制。而在网络环境下，网络文化的强烈开放性和全球化、数字化、虚拟化等特点，使学生可以自由、平等地体验网络文化带给人们的新境界。学生由传统的被动式接受知识的“灌输”教育转化为主动参与思想交流，赞成什么、反对什么，均可以在网上袒露无疑。这使学生工作者能够获得真实的思想信息，对于学生工作的研究及开展针对性和即时性教育提供了契机。同时，学生工作者也可以在虚拟的网络世界里发布有益的信息，对大学生的思想进行积极引导，这对于提高教育的效果，也具有重要意义。

网络文化迅速占领校园，显示了其强大的生命力，备受大学生的欢迎。它极大地刺激了大学生的创新意识、竞争意识和实效意识，落后、封闭、保守的观念被他们抛弃。它也开辟了大学校园文化的新领域，形成了新的文化范畴和文化精神，使大学生在道德观念、生活态度、思维方式、行为模式、心理发展、价值取向等方面表现出新的发展与提升。这在客观上为高校学生工作奠定了良好的思想基础。在网络中，学生乐于敞开心扉说实话，自由发表意见和见解，这有利于高校思想政治工作者更迅速、更确切地了解学生的思想情绪，掌握其思想动态和利益要求，从而把握其思想脉搏和心理脉络，并对症下药，做好教育与引导，从而增强工作的时效性和针对性。

其次，网络的特点使高校学生管理工作更具亲和力和人情味。网络具有开放性和虚拟性，网络信息具有可选择性、平等性，在网络世界里没有权威，这使学生管理工作更具亲和力、人情味，能够取得更好的教育效果。在网络中，教育工作者与学生之间的地位是平等的，教育工作者不是提供“说服”，而是提供影响、选择、引导。在网络时代，思想政治教育工作可以融入网络的各种形式当中，把正确的世界观、人生观、价值观渗透其中，以增强感染力和影响力。同时，网络的发展使高校学生管理工作可以摆脱时间、空间的限制，迅速而广泛地传播。网络作为新的通信手段，信息传递迅速高效，大大提高了思想政治教育工作的效率。

再次，网络的发展为加强和改进高校学生管理工作提供了新的渠道和手段，使工作手段更加多样化，工作方式更具灵活性。在学生工作中，传统的思想教育模式是报告会、演讲、墙报、专刊、社会实践及各种寓教于乐的校园文化活动。而在网络时代，随着大学生上网普及率的提升，思想政治教育的方式和手段更加多样化，如网上讲座、博客、BBS论坛、微博、电子信箱、红色网站、热线服务等，这些都为高校的学生工作注入了新的活力，这些新方法受到了大学生的极大欢迎。因此，充分利用好网络，可以使我们的工作做得更加有声有色。网络还具有资源共享的特点，这为高校思想政治工作占领网络思想教育阵地提供了极大的便利。网络是一种极具感染力的传播媒介，它将文本、声音、图画等信息集于一体，能够激发学生的求知欲和想象力，也符合大学生要求自主发展的心理，有利于调动他们的自觉性和主动精神。高校学生管理工作可利用网络特有的信息高集成性、互动性和可选择性，促进学生有选择地、自主地接受教育，这就改变了以往教育工作者需要当面“说服教育”的情形。同时网络信息的可复制性、共享性、实时性，使全体学生同时接受教育成为可能，这也是传统教育方法所不可及的。

最后，网络还能最大限度地实现高校思想政治教育工作的社会化。当代大学生在成长环境、学习和生活方式、接受信息形式、思维方式等方面都发生和正在发生重大的变化。

要根据这些新的变化因地制宜、因时制宜，加强高校学生管理在方法、手段等方面的改革与创新。要充分利用网络，开展丰富生动的形势与政策宣传教育，活跃学生课外生活和校园文化活动，弘扬主旋律，扶植正气。学生工作要想做到实处并达到良好效果，离不开社会、学校、家庭的共同努力，而网络的“超时空性”恰好为三者的结合提供了方便，使家庭教育、学校教育、社会教育紧密联系、融为一体成为现实。

六、网络时代高校学生管理工作的新挑战

（一）网络对大学生成才的负面影响

同任何事物一样，互联网也是一把“双刃剑”，它对大学生的影响既有积极的一面，也有消极的一面。随着越来越多的大学生接触并深入网络空间，网络的负面影响日趋凸显，主要集中在以下几个方面。

第一，互联网对大学生的世界观、人生观和价值观的形成构成潜在威胁。网络是一个没有国界的世界，全球各种不同的文化形态、思想观念在这里汇集交织，网络使用者轻易就可以感受到东西方文化的巨大差异，因此很容易陷入一种迷茫的境地。大学生的人生观、价值观还不成熟，缺乏“免疫力”，长期浸泡在网上，耳濡目染，很容易受到西方外来文化及意识形态的渗透，以致受到腐蚀，盲目信从。同时，西方那些享乐、奢侈、冒险、刺激、性解放、性自由等不健康的生活方式对喜欢猎奇的青少年来说，具有极大的诱惑力和欺骗性，容易使他们艳羡、认同并模仿，引发对现实的不满，进而丧失进取、奋斗的内在精神和意志。随着西方文化通过网络的传播，其价值观念正潜移默化地影响着当今大学生的价值判断和理想信仰。对于崇尚新知识、新文化、新观念的大学生来说，无疑将面对网络文化的严峻考验，少数控制力不强的大学生很有可能因价值观的错误而埋下犯罪的种子。

在互联网这张无边无际的“网”上，内容虽丰富却庞杂，良莠不齐，如果大学生频繁接触西方国家的宣传论调、文化思想等，会与他们头脑中沉淀的中国传统文化观念和我国主流意识形态形成冲突，使他们的价值观产生倾斜，甚至盲从西方。长此以往，对于我国青少年的人生观和意识形态必将产生潜移默化的影响，对于国家的政治安定显然是一种潜在的巨大威胁。

第二，网络对大学生身心健康的消极影响。众所周知，连续上网会造成情绪低落、疲乏无力、食欲不振、焦躁不安、血压升高、自主神经功能紊乱、睡眠障碍，有的甚至消极自杀；同时，不良的上网环境也会损害青少年的身体健康，甚至会造成人身伤亡事件。更令人忧虑的是，网络还严重影响着大学生的心理健康。最典型的便是网络成瘾症，即“网瘾”，这种症状与吸烟、酗酒甚至吸毒等上瘾行为有惊人的相似：一上网就兴奋异常，上不了网就“网瘾难耐”。其典型症状是：整天沉溺于网络，甚至不吃不喝不睡，通宵达旦，导致体能下降、生物钟紊乱、注意力难以集中、情绪低落、思维模糊、头昏眼花、双手颤抖、疲乏无力、食欲不振等不良生理和心理反应，严重者甚至“走火入魔”，出现体能衰竭或

精神异常。他们一天中的大部分时间都在网上度过，对自己不再有任何控制，表现出逃避现实的心理迹象，越来越愿意待在网上，和家人的关系出现问题。迷恋网络还会引发网络孤独症、人际信任危机和各种交际冲突。网络孤独症与网络成瘾症非常类似，只是前者更多表现出生理和认识方面的障碍，后者侧重于人际交往方面的障碍。网络成瘾症必然伴有不同程度的人际关系障碍，网络孤独症则不一定表现出明显的生理障碍。网络孤独症多发生在性格内向者身上，其典型症状是沉溺于网络、脱离现实、寡言少语、情绪抑郁、社交面狭窄、人际关系冷漠。由于个体将注意力和个人兴趣专注于网络，不仅会导致学习成绩下降，而且不利于自己的心理健康。

网络人际交往中普遍存在的人际信任危机也有可能影响到大学生网民的现实人际交往态度，使其出现人际关系障碍。聊天室等虚拟社区以匿名或化名方式进行的网络交往无法规范人们言论的真实性，甚至公开承认或默许交往者的虚假言论。例如，一个五大三粗的男子汉可以起一个甜蜜动人的女性化昵称，扮演爱情天使。这种网络人际交往的虚幻特点使很多学生抱着游戏般的心态参与网上交际，不仅自己撒谎面不改色心不跳，对他人的言行自然也是毫无信任感可言。这种网上的人际信任危机可能迁移到他们的现实人际交往中，导致现实人际交往中对他人真诚性的怀疑和自身真诚性的缺乏，进而影响与他人建立和发展良好的人际关系。网络人际交往往往给人以虚假的安全感。学生以为待在门户紧闭的自家卧室里，坐在心爱的计算机前是最安全不过的了。这里既不可能被人发现，也不可能被人偷窥，更不可能受到侵犯。这种自以为是的安全感使他们放弃了起码的戒备心，给网络犯罪以可乘之机。事实上，这个貌似安全的地方却隐匿了太多的不安全因素，不仅电子邮件随时可能被人轻而易举地偷看到，连计算机上的全部信息都可能被浏览或破坏。随着网络犯罪案例的增多，安全焦虑又成为笼罩在网民头上挥之不去的一片阴影。人们时刻担心自己的计算机被网络黑客光顾，担心自己的个人隐私被偷窥，担心电子邮件背后的病毒，担心从网上走到自己身边的“熟悉的陌生人”。

此外，大学生网恋、失恋、多角恋爱等都是网络生活中容易出现的情感问题。网上最热门的话题就是网恋，生活中的网恋故事也比比皆是。网络在时刻忙于上演那成千上万的爱情喜剧的同时，也在痛苦地吟诵不计其数的失恋故事和叹息感伤。比较常见的情况是，当一方的爱情之火被撩拨得越燃越炽时，点火者却突然从网络上消失得无影无踪。除此之外，“见光死”也是众多网恋故事老套的结局。网络让爱情发生的机会和频率都大大提高，也让失恋发生的机会和频率大大地提高了。正如网恋可以让人品尝到如现实恋爱同样的甜蜜一样，网恋后的失恋也同真实的失恋一样让人寝食难安。

第三，网络对大学生社会适应能力的消极影响。网络是一个虚拟的世界，人们网上交际主要依靠于抽象的数字、符号，大学生终日沉迷于这种人机对话的模式，会对社会适应行为和能力产生消极影响，更有甚者，有些大学生还可能患上“网络社交障碍症”。在网络环境下，大学生交往的对象、身份都不确定，这就减弱了大学生的社会角色的获得能力；网络交往的虚拟性、自由性，很容易导致人们行为的普遍失范。在互联网上得到情感认同与满足的同时，更多的大学生开始由心理上对网络的强烈归属感和依赖感延展到对现实的厌倦与冷漠，在这种消极的不为世情所动的抵触心理下，自我封闭和网络双重人格的形成便在所难免。这不利于青少年的社会化，甚至导致青少年社会化的失败。

大学生沉溺于网络，还会造成语言扭曲化和沟通能力退化的恶果。网络的基础重心语言是英语，而汉语处于边缘冷落地带，在这样的弱势状态下，许多传统正常的汉语词汇受到一些独特的网络特殊词汇的潜移默化的影响，便是屡见不鲜了。同音或谐音字无规范的滥用，如“美眉”代替“妹妹”；中英文掺和无序，如“好 high”代替“感觉非常棒”；数字随意代替中文，如“886”代替“再见”；等等。我们都知道，语言作为思维和交际的载体，能够反映文化和心态的一些层面，它的扭曲和异化不能不引起我们的重视，它的这些不科学的变形，势必影响到人们现实表达模式的倾斜。在沟通方面，网上交友已成为当前时尚，网络跨越式地改变了传统交往方式，突破了时空界限。青年大学生强烈的交往欲望促使其迷恋于网络虚拟社会的沟通方式，这往往在很大程度上导致他们忽视现实中的人际交往，而且网络毕竟只是一个冷冰冰的框架，它传递信息的媒介只是一些简单的代表符号，大学生交友的网络化缺乏表情、手势等丰富的肢体和身势语言，这也在一定程度上影响了他们在现实社会中的表达和沟通能力。许多大学生往往是上网时情绪高涨，下网后无所事事、百无聊赖，所以网上交友的大红人也许会在现实社交中存在极大的困难和障碍。可见，大学生沉溺于网络的结果不单单是荒废了学业，而且还使身心健康、社会交往能力都受到了严重影响。

（二）网络时代高校学生管理工作的新挑战

第一，网络文化导致大学生价值冲突更加直接和剧烈，价值取向更加多元，价值选择更加困难。当代大学生自我判断是非标准的自主性、独立性增强了，但是其人生观、价值观尚未成熟，容易受到异化思想的冲击，特别是东西方价值观念在学生头脑中的碰撞、冲突更加直接、更加激烈，如不加以正确和有力的引导，必将出现思想上的混乱，影响他们形成正确的世界观、人生观和价值观。

第二，网络传播的“虚拟化”方式对大学生的交往方式和人际关系产生了深刻影响。当大学生在网络上获得的快乐比现实中多时，自然会把更多的时间投入网络交往之中，而当他们在现实生活中遇到挫折时，只会更加倾向于在网络中寻求慰藉。这就导致大学生只愿意在网络上寻求虚拟但完美的人生，而消极地对待甚至逃避有缺陷的现实世界，这种情况长期发展下去，必然会影响和改变人们的交往方式，产生新的人际交往障碍，使行为主体冷漠、人际关系淡漠、人际距离疏远，使人产生孤独、苦闷、焦虑、压抑等情绪，甚至产生心理疾病。学生时代是人际交往能力和人际关系形成的重要时期，这样的消极影响则显得更为严重。

第三，大学生自主、平等意识的增强，导致传统的社会调控系统失灵。虚拟条件下网民的交往角色是虚拟的，不存在上下级、长晚辈、地位尊卑的垂直型关系，交往变得平面化，属于典型的模式交往。网上交往的虚拟性使人与人之间的交往变得自由、平等，但由此也带来了权威的削弱，导致主导价值观念、社会公共权威以及教育者权威的削弱，使得传统社会的调控功能逐渐丧失。因此，高校学生工作所面临的困境是信息系统不再被教育者全部掌控，不能对大学生的思想言行进行干预，更多地要靠大学生的自我判断、自我选择。

第四，单向的灌输式教育管理方式受到挑战。传统的思想政治教育，教育者起主导作用，他们将含有社会要求的政治观点、思想体系、道德规范的相关信息有目的、有计划地灌输给教育对象，而受教育者在内外各种因素的综合作用下，有选择地接受这些信息，进而“内化”为自身的个人意识，之后再“外化”为实际行动。在这一过程中，教育者传递信息的手段主要是以上课宣讲、座谈讨论、个别谈心、开展主题活动等为主，而以报纸、广播、电视、电影等大众传媒作为辅助工具。教育者所灌输的信息是经过筛选、加工的，有利于受教育者接受正面的思想。然而，随着网络信息传播对思想领域的入侵，单向的教育模式越来越不能满足大学生的心理需求，其有效性不可避免地受到削弱。大学生在深入网络生活并渐渐习惯于网络这种双向甚至多向的沟通方式后，必定要求教育工作，包括专业教育和思想政治教育，从内容到形式都能够采取更为民主、更为自由、更为生动的方式进行。这将改变教育者与被教育者的关系和位置，信息传播的内容和途径也不再为教育者所掌控，对此，传统的思想政治教育显然还没有充分的准备。

第五，高校学生管理者的人格魅力面临挑战。面对网络的冲击，部分学生工作者缺乏应有的思想准备和应有的科学文化素质。据统计，教师中经常上网的主要是 35 岁以下的年轻教师，而有些年龄稍大的教师对网络不感兴趣。学生管理者对于网络这一领域不甚了解或只是略知皮毛，不具备较高的网络知识和科学文化水平，有的明显落后于青年大学生，因而也就有可能缺乏大学生所崇拜的科学文化素质、人格魅力及亲和力。对高校学生工作者来说，人格魅力和亲和力有时决定了教育的效果。学校的网络管理人员一般只能做网络的基本维护工作，对其中传播的内容无从管理，对网上出现的问题不能及时发现，更谈不上参与教育了。

第六章　高校学生管理工作法治化路径分析

我国高等学校学生管理工作当中还存在诸多问题，其相关的立法和执法程序是否完善、合法权益是否得到保障、救济途径是否畅通是衡量高校法治化进程的重要标准。实现高校学生管理工作的法治化离不开我国依法治国的背景和教育法治化的发展，但是从社会发展和人才培养的角度来看，高校应当具有适度的引领社会发展的责任和职能，所以高校应当主动探究适合本校乃至本区域发展情况，寻找符合法治理念和精神的实践之路。

高校学生管理工作法治化路径是实践层面上的法治建设，整合高校学生管理工作的立法、执法、司法、监督等机制，并融入法治理念和法治精神，最终达到高校法治建设的“形神合一”。若要建设这样一所法治型高校，就必须正确认识学生权利和高校管理权之间的关系，切实解决法治化进程中面临的现实问题。

当前，高校学生管理工作法治化面临着多重的、复杂的问题，从宏观层面来看，存在着高等教育法律法规不够完善、规章制度不健全、法治环境复杂化和多元化的问题；从微观层面来看，存在着高校领导“上，不承法治；下，不接地气”、高校管理者法治意识淡薄和应付式工作模式、高校学生维权意识和法律素养较差的问题；从法治文化建设方面来看，存在着法治氛围不浓、信念文化缺位、制度文化不健全、廉政文化不到位、公民文化欠缺的问题；从适切性方面来看，存在着法律保障体系与现行状况的矛盾和冲突、法律法规与高校学生管理执法过程的矛盾和冲突、高校管理权与学生权利的矛盾和冲突的问题。

某些高校在法治化进程中片面关注了某个层面或者某个点，这样也许会取得一些成效，但并不是一个可持续发展的路线，一定要从宏观与微观结合、系统化和网络化的视角出发才能从根本上促进高校学生管理工作法治化建设的良性发展。本研究从宏观和微观相结合、法治观念与法治文化互相促进、法治管理制度建设与教育行政执法监督相互配合的角度对高校学生管理工作的法治化路径进行了分析。

第一节　宏观与微观相结合的高校学生管理法治化路径

高校学生管理工作的法治化是一个系统工程，其先决条件和实施基础就是国家的法律法规（宏观）和高校规章制度（微观）。高校学生管理工作要严格按照法律法规和规章制度执行，那么法律法规和规章制度的科学性和合理性的程度就决定了学生管理工作法治化的深度和广度。

宏观和微观相结合的路径，就是国家法律法规与高校规章制度在高校学生管理工作法治化路径上的统一，在宏观层面上，国家法律法规具有更强的效力，是高校规章制度必须依照的；在微观层面上，高校制定规章制度具有一定的自主权和自治权，便于结合自身的发展特点灵活调整。无论从宏观角度还是从微观角度切入，两者都是紧密联系的，国家教育法律法规的内容与高校的学生、管理者、教师以及高校本身是息息相关的，同时高校的规章制度是依照国家法律法规和本校实际情况制定的，这就决定了宏观和微观相结合的路径是高校学生管理法治化建设的必要途径和方法。

一、宏观体系——完善高等教育法律法规的立法建构

（一）建立完善的法律法规体系，增强其配套性

从整体格局的角度来审视我国高等教育法律法规体系，基本法律层级的有《中华人民共和国高等教育法》《中华人民共和国学位条例》《中华人民共和国教师法》《中华人民共和国民办教育促进法》等相关法律，其涉及的范围相对有限，某些条文存在界定笼统、抽象、可操作性和执行力度较差等问题。法律法规体系的整体格局不合理，基本法不够完善甚至缺位，导致被授权立法的行政部门有较大的操作空间，随意性较大，这在一定程度上架空了基本法，使其无法发挥应有的制约和规束的功能。

首先，完备我国教育法律体系，填补高校学生管理相关法律的空白，为高校学生管理的法治化建设提供依据和指导。例如，关于大学生考试舞弊和处理，一般来讲高校依据的是《国家教育考试违规处理办法》《普通高等学校学生管理规定》，其缺乏相关的基本法作为依据，导致考试舞弊的法律纠纷不断增多；关于学生申诉权的保障问题，有学者提出应当制定“学生申诉条例”，对申诉的范围和条件、申诉的程序、申诉受理部门等在基本法的层面上给予科学合理的规定。

其次，修改和完善已有的教育法律法规。与高校学生管理密切相关的法律包括《中华人民共和国教育法》《中华人民共和国学位条例》《普通高等学校学生管理规定》等，其中的某些条款与社会发展不相适应，存在严重滞后的问题。遵循以保障学生权利为核心、与我国法律体系协调统一、增加具有可操行的程序性条款等理念和原则，增强教育法律法规的适应性和可操作性。

最后，加强教育法律法规格局的配套性。由于受到传统观念以及其他因素的影响，学生的主体地位在法律层面上未能真正确立起来，尽管我国很多学者和民众呼吁制定与《中华人民共和国教育法》《中华人民共和国教师法》相配套的“学生法”，但是至今在教育立法上仍未看到任何端倪，以致学生的权利不单单在基本法层面上无法明确，更导致对学生的权利保障的缺失和法律救援渠道不畅等问题。“学生法”的制定是对以往对学生权利和主体地位不够重视的一种全面的纠正，其意义在于法律地位的确立，也是高校在学生管理

过程中能够做到有法可依的基本前提。

（二）增加权力规范、程序性规范、权力保障在教育法律内容中的比重

我国现行的高等教育法律法规的内容存在着几个比较突出的问题：其内容偏重于权力的设定，忽视权力的规范；倾向于授权性、管理性的规范，轻视学生权利的保障和救济；侧重于执行规范的内容，而程序性规范少。这就导致教育立法的内容存在定位和失衡的严重问题，直接影响高校学生管理法治化建设的效果和质量。优化和调整我国现行的高等教育法律法规的内容，可以从以下三点着手。

第一，增加规定权利的法律内容的比重，避免高等教育立法当中权利赋予的内容过多过重，同时应当在法律层面确立教师和学生的主体地位。在《中华人民共和国高等教育法》的法律条文当中，有关国家、国务院、行政部门、高校等各级管理部门的职权规定占据了全法的大半，而关于教师和学生两个重要主体的内容仅占有很少的部分，其内容也不够具体和详细。面对高等教育法内容结构方面出现的突出问题，教育立法应当将权利的设定控制在一个合理的范围之内，同时更要兼顾教师和学生这两个重要主体的权利的赋予和规定。

第二，完善权利保障规范的内容。在高等教育立法当中，管理性和授权性的内容较多，而相应的救济内容很少，这反映了在立法的过程中仍然存在重管理、轻救济的观念。在相关的教育法律法规当中规定政府或者主管部门职权的同时，应当制定相应的责任和救济条款，为高校、管理者以及学生制定一个科学合理的法律法规体系。

第三，增加程序性规范的内容。在高等教育法律法规当中，执行规范较多，而程序性规范较少，这样的比例失调源于对权利规范的缺乏。“程序先于权利，程序就是法律，离开程序规则，法律寸步难行。”应简化和精练职权和权利的规定内容，增加相对应的职权和权利如何使用和运作的程序性内容，并加以明确界定，特别是对于重要相关主体的权利内容更应当增加程序性条款。

1. 平衡教育立法的滞后性和前瞻性，提高法制体系与现实需要的适应性

立法和法律制度建设自身就带有一种不可避免的滞后性，同时现代的立法又要求其具有一定的前瞻性。目前，立法体系仍需完善，法制建设落后，无法满足现实需要，导致高校出现的某些法律纠纷无法可依，高校疲于应付的问题严重。应当通过建立科学合理的立法评估、改变立法观念、加强法律法规的规范性等方法，平衡教育立法的滞后性和前瞻性，提高法制体系与现实需要的适应性。

第一，建立科学合理的立法评估。立法评估就是在法律法规制定出来并实施以后，由立法部门、执法部门、利益相关者、专家学者等，运用社会调查、定性分析、定量分析等科学方法，针对法律法规在实施中的效果进行诊断性的评价，以及时发现存在的缺陷并加以修正。

第二，立法部门应当改变立法观念。总体而言，我国的立法观念和法治观念都很落后，人治大于法治的现象普遍存在，有许多法律条文只是空泛的口号，并没有规定其具体的细

节，从而增强了政府、管理机构的指令和政策的权威性。立法部门应当改变观念，从制定基本法的层面上体现出法治的科学性、合理性和法理的公平、平等、正义等内涵。

第三，加强法律法规的规范性。立法技术较为落后等原因造成了当前高等教育法律法规术语的规范性较差，口号式、宣言式的表示较为多见，其可操作性很差。立法部门应当切实提高立法技术，规范法律法规的术语，减少口号式的表述，增加具有可操作性的内容和条款。

2. 树立权、责、利相统一的立法观念，完善权利救济的相关内容

高等教育法律法规是以教育活动和教育现象为对象的，其法律的设定应当从高等教育的实际出发，把握其发展规律和特征。传统的教育管控模式已经无法适应现代高等教育发展的规律和特征，现代高等教育法律法规应当更加注重主体权利的保障，因而权、责、利之间的关系应当尽可能地平衡。在立法过程中，应当将三者紧密联系起来，使三者能够配套，并且控制在一个合适的比重范围之内。

在高等教育立法中，对权利救济内容的规定模糊，存在歧义和定义不清的现象，应当从以下两个方面完善权利救济的相关内容：第一，在高等教育法律救济渠道不畅的时候，用其他的法律救济渠道对高等教育的法律现象进行解释，通过援引行政救济、民事救济等方式保障相关主体的权利；第二，通过立法后评估，对法律法规进行有针对性的创设、修改、解释等，同时要明确和清楚权利救济的方式方法、程序、诉求机构等权益保障渠道。

二、微观体系——健全高校学生管理的规章制度

（一）高校学生管理规章制度制定的标准

校规是学校内部制度的一个重要组成部分，是学校为保证教育教学活动的正常秩序而制定的规范学生并对行为失范的学生进行教育、处理的各种规章制度。高校学生管理规章制度是依据法律法规，结合学校的实际情况，按照一定的程序和标准制定的，规范学生管理的各项工作和活动，对高校内部的相关主体具有约束性的章程和规定；是高校学生管理工作法制化路径的必要前提，通常以其大学章程为总领，形成一个从高至低、从粗至细的环环相扣的网络，对学校的各级事务进行有序管理。

因区域、政策、经济等各方面的因素，高校之间的差异性较大，而高校学生管理规章制度应当根据本校的具体情况而制定，其依据的标准也不尽相同，择其适者而用之才是明智之选。为了更加明晰高校学生管理规章制度制定的标准，可以从以下四个方面进行探究和分析。

第一，从作用的范围和程度的方面来看，高校学生管理规章制度可以分为大学章程和一般性质的规范性文件，大学章程是高校的“基本法”，一般性质的规范性文件是大学章程的细化与执行，同时也受到大学章程的约束。

第二，从规章制度制定所遵从的依据来看，一方面是国家教育法律法规明确授权给高校的，高校严格依照法律法规制定规章制度，是高校学生管理法治化建设所依据的一项基本规范；另一方面是高校依据本校实际情况和区域发展特征，自主制定高校的规章制度，其体现出的特征是法不禁止即可为和因地制宜。

第三，从高校学生管理规章制度的内容来看，包括程序性规范和实体性规范两个方面。程序性规范是对学生管理各项事务的执行方式和方法形式等的规范；实体性规范是对职能部门的职权、权利和义务的规定。两者的关系是相互依存的，在规章制度的制定过程中应当是配套和相互补益的。

第四，从高校学生管理规章制度涉及的相关主体来看，包括管理者、教师、学生三个重要主体，管理者和教师以满足学生最大利益需求为目的，规章制度当中应当明确三者之间的关系，并通过程序性规范和实体性规范确立学生的主体地位。

（二）高校学生管理规章制度制定的原则

高校学生管理规章制度是高校管理学生各项规范的“基本法”或“母法”，其所具有的法律地位是由国家制定的《中华人民共和国教育法》和《中华人民共和国高等教育法》所授权的，是高校内部运作的根本性规范，引导和规束校内其他规定的内容。同时，高校的规章制度是高校自主权和自治权的充分象征，高校能够根据自身的特点和发展规划来制定章程，为高校服务区域发展甚至是引领发展提供必要的条件。建立健全学校章程制度，可以更好地落实学校自主权，促进学校建立和完善自主办学、自我发展和自我约束的机制，促进现代学校制度的建立，便于政府对学校的管理和监督。同时，由高校制定的学生管理规章制度属于行政行为（抽象行政行为），因此，该类行为的实施应当遵循行政法的基本原则。综上所述，高校学生管理规章制度的制定应当遵循以下原则。

第一，法律优先原则，是指上一层法律规范的效力高于下一层法律规范的效力，下一位阶的法律规范必须与上一位阶的法律规范保持一致。高校根据国家的授权，有权制定学生管理规章制度，并有权对在校生实施教学管理和违纪处分，其必须以符合法律法规的规定和保护当事人合法权益为前提。高校学生管理规章制度的效力自然是低于法律的效力，高校制定的规章制度必须依照上一层法律法规，如果产生冲突，和上位法相抵触的高校学生管理规章制度是无效的。

第二，合理性原则，其包括两层含义：一方面是高校制定学生管理规章制度必须从实际出发，自主地制定符合学校发展的规范。这就要求高校尊重客观事实、遵循教育发展规律、注重发挥自身特色等；另一方面是高校学生管理规章制度的制定、实施程序、内容条款、处分标准等都应当体现公正合理的法理精神，尤其是对学生的违纪处分，防止对情节轻微的违纪行为给予过重的处分。某些高校在制定规章制度的时候，没有考虑保障学生权利，而仅仅是从便于管理的角度出发，致使侵犯学生权益的事件时有发生。在依法治校的构建过程中，管理者、教师、学生都应当具有权利保障的意识。

第三，科学性原则，是指高校学生管理规章制度应当体现科学严谨和具备法律性文本的基本要求。规章制度的科学严谨主要是指内容简明、术语规范、内容真实、结构合理、注重实效等；同时，具备法律性文本的要求是指要具有科学的结构体系、内容体系、制定程序严谨明确、可操作性强等。

第四，程序合法原则，是指必须严格按照法定程序制定学生管理规章制度。高校学生管理规章制度以及其他校纪校规的制定都应当遵循程序公正原则和法律规定，以民主、公开的理念为核心，把民主参与和信息公开作为学生管理的重要途径和手段。在制定或者修正学生管理规章制度的时候，应当请学生参与讨论，并提出合理的意见和建议。这样可以使重要的相关主体能参与到规章制度的制定过程中，学生的需求和声音也可以通过正当的途径得以表达，以充分体现民主、公正、以人为本的管理理念。

（三）强化高校学生管理规章制度的合法性和合理性

现代高校的学生管理是在国家宏观调控的法律法规和政策的指导下，依法自主办学，面向社会，在保障目标统一、权责明确、高效有序的同时保持自由、民主的氛围。高校学生管理的规章制度是依据高等教育法律法规制定的，是其拓展和延伸，应当严格遵照国家的法律法规来制定和执行规章制度。

高校学生管理的规章制度是规范的主要表现形式，是微观层面高校学生管理法治化路径的主要依据，应当从法理学的角度去寻求高校立法机制的合法性和合理性，具体应当从以下三个方面着手实施。

第一，明确界定高校的法律地位，使高校的学生管理规章制度更加合法化和合理化。高校的法律地位决定了其学生管理规章制度的制定方向，也就是说，自身的角色决定其具有何种运行规则。例如，高校如果是民事主体的身份，那么其规章制度会有很多民事契约的内容；如若是行政主体的角色，那么其规章制度会有较多行政规范的内容。目前，高校的法律地位并没有明确的界定，学者们对其争论颇多，其还处于悬而未决的状态，以致高校在制定规章制度的时候缺乏自身法律地位的依据。

第二，高校学生管理规章制度应当充分体现高校自治权的作用和内容。高校自治权一方面是为了高校能够抗拒政府、社会、市场等带来的消极影响；另一方面是为了根据学校自身现状和区域发展情况来制定规章制度和实施办学。高校自治权法律机理主要源于两种机制的作用：其一就是直接依法律而形成，是公权力的内部渗透，因而其规则遵守依法而治的原则，“法有规定才可为”；其二就是依法律保障而形成，是私权力自主诉求的结果，因而规则遵循与法不相抵触的原则，“法无禁止即可为”。在制定高校学生管理规章制度的过程中，既要严格遵循国家的教育法律法规，又要符合高校的发展规律和特点，运用宏观与微观相结合的方法，促进高校的长期可持续发展。

第三，建立高校平等主体间契约关系的规章制度，要求高校学生管理规章制度在自觉、自愿、公平、平等、民主的氛围中展开。应当摒除当前高校规章制度中存在的隶属性法律关系、身份强制的主体地位、管控与服从管理模式，要全面转向平等性法律关系、契约自愿的主体地位、引导和服务的管理模式。高校学生管理的规章制度应当在学校、教师、学生等主体之间构建平等的契约关系，着重彰显主体平等性的地位和教育公益服务的职能。

（四）落实审查机制保障高校学生管理规章制度的规范

高校在制定学生管理规章制度时，具有比较广泛的自由量裁的余地，以致高校在行使管理职权时时常发生侵权纠纷。为了保障规章制度的质量和效力，高校学生管理规章制度基本内容的制定和修改应当经过严格的审查程序，对其合法性、合理性、科学性等进行审查。

高校学生管理规章制度的审查机制包括两个部分：第一，外部审查机制，指的是上一级教育行政部门对高校的规章制度加以审查，并提出修改建议，高校根据建议及时修改不合理的内容；第二，内部审查机制，指的是高校专门设立审查机构，并赋予其审查权，负责规章制度的制定、修改、废止等工作。

对于学生管理规章制度的审查应当遵循三个原则：第一，合法性原则，审查其是否与国家的法律法规保持一致，不得与国家制定的法律法规相抵触；第二，程序正当原则，规章制度的各项程序应当注重民主参与和公平合理，特别是关于学生处分的内容更应严格谨慎地审查；第三，平等性原则，严格审查规章制度中带有歧视性质的内容，保障给予每个学生以平等的机会，始终贯彻人人平等和以人为本的思想。

第二节 法治观念与法治文化互相促进的高校学生管理法治化路径

法治观念的树立与塑造法治文化环境分不开，两者相辅相成、互为支撑。一方面，法治观念的树立能够为高校学生的生活创造一个健康、良好的法治校园环境。法治观念树立之后，学生认可法律、尊重法律、崇敬法律，他们不仅能够学习到很多法律知识，还能够运用法律来保护自己的权益不受侵害。除此之外，学校的领导、学生管理工作人员拥有良好的法律信仰，能够依法管理、依法行政。在人人懂法、人人用法的校园环境里，能够塑造良好、健康的高校法治文化环境。另一方面，法治观念的树立离不开良好、健康的法治文化环境，在良好的法治环境中，学生可以慢慢地学习法律知识、培养法律兴趣，当自身受到侵害时用法律的途径来维护自己的权益，养成守法、用法的良好习惯，树立正确的法治观念。下面我们就来谈谈如何树立法治观念和塑造高校法制文化环境。

一、树立法治观念

要培养高校学生的社会主义法治观念，首先必须理解什么是社会主义法治观念。社会主义法治观念是指社会主义国家的公民对社会主义法治的正确认识，是社会主义国家公民形成的一种自觉遵守法律的意识和观念。社会主义法治理念是由邓小平、江泽民、胡锦涛、习近平四代国家领导人在继承和吸收古今中外政治法律文明的基础上，形成的具有中国特色的法治思想体系。社会主义法治理念包含“依法治国、服务全局、公平正义、党的领导、执法为民”五个方面的重要内容。依法治国是社会主义法治理念的核心内容，是党和国家领导人治理国家的基本方略。社会主义法治理念下的学校也应该实行“依法治校”，否则会偏离社会主义法治理念的办学思想，高校实行“依法治校”也是我国实行依法治国的重要内容和必要途径。高校学生是社会主义法治国家的建设者和接班人，其法治观念的强弱、法律素养的高低，直接影响着“依法治国、依法治校”策略的实施，因此培养高校学生的法治观念具有重要的意义。

从对法治的影响来看，法治观念可以分为积极的法治观念和消极的法治观念。积极的法治观念是指经过历史的洗礼而沉淀下来的中华民族的智慧和经验，它是经过世世代代、祖祖辈辈相传的一种约定俗成的规范，是中华民族法律文化的重要组成部分，也是法治观念的源泉和基础，是我们需要传承和弘扬的；消极的法治观念是指如等级观念、权力观念、人治观念等与现代法律观念冲突、违背的思想，并以其顽固的惰性阻止着现代法治化的进程，是我们需要剔除和清理的，因此法治观念的塑造和培养必须要突破中华民族传统法律观念的藩篱，超越传统的法律观念。也就是说，我们需要在传统法律观念的基础上，既要继承和发扬传统观念中的优良成分，也要消除消极观念中的负面影响。因此，要想实现高校学生管理法治化，首先必须要转变思想、树立正确的法治观念，具体可以从以下三个层面开展：第一，树立“以人为本、依法治校”的高校学生管理工作理念；第二，提高学生的法治修养，培养其法律思维方式；第三，提高高校学生管理工作者的守法意识，确立并强化其依法治校的办学理念。

（一）树立“以人为本、依法治校”的高校学生管理工作理念

知法、懂法、守法是实现高校学生管理工作法治化的前提和基础。辩证唯物主义认为，物质不以人的意识为转移，是人意识所反映的客观存在，物质能够决定意识，意识对物质具有能动的反作用。树立高校学生管理工作者的法治观念是其依法办事的重要前提，真正从思想上认可法律、崇敬法律、确立依法行事的行为准则，并将这种思想贯彻到学生工作的各个方面，尊重和维护学生的权利，这是实现高校学生管理工作法治化的思想基础。

党的十六届三中全会明确提出：“坚持以人为本，树立全面、协调、可持续的发展观，促进经济社会和人的全面发展。”十六届六中全会提出了九大目标，其中把依法治国放在了九大目标的第一位。依法治国是最重要的，也是实现其他八大目标的基本前提和根本保障。同样，如果高校管理缺少了法治化，那么高校的管理工作就极有可能偏离社会主义办学的方向，影响高校管理工作的正常运行，甚至有可能阻碍高等教育体制的改革。因此，树立以人为本的思想、确立法治化的管理方式是我国高校发展的内在要求。具体来说，可

以从以下两个方面进行努力。

第一，重新认识“法治”的概念，要想实现高校学生管理工作的法治化，首先必须正确理解“法治”的内涵。“法治”包括两层含义：良法之治和法律至上。“法治”作为一种制度性文化，包含着“公正”“公平”“分享”等原则，学校管理法治化的本质就是要求学校管理者在管理中体现“法治”的精神，并把法律作为最高权威，依法办事、依法决策，把高校的管理工作逐渐纳入法治化轨道。“法治”并不是一个静态的概念，其中的“治”并不是管制、辖制的意思，而是指管理，并不是要求并强迫学生执行高校的管理规定，而是需要调动学生的自愿性、自觉性去遵守学校的规章制度，从而实现高校学生管理工作的法治化。

第二，中华民族传统的法律观念是我国法律文化的重要组成部分，它始终影响着现代法治建设的进程，其中的积极因素凝结成人们的经验和智慧，是我国实现法治化的基础和源泉，其中的消极因素普遍存在于人的潜意识中，成为实现法治化道路的绊脚石。我们通过调查发现，在高校的管理过程中，相关人员往往受到传统法治观念中“人治”思想的影响，缺乏相关法律的规范，因此，高校学生工作的管理者需要剔除错误的思想观念，确立以人为本、法治化的学生管理理念。在高校学生管理工作中，人是最基本也是最核心的要素，以人为本就是要重视人的需要，强调人的主体性、能动性，其根本目的是实现人的全面发展，学校的教育同样如此。因此，高校的管理工作同样也需要确立“以人为本”的思想观念。高校学生具备两种身份：一种是“社会人”，另一种是“学校人”。在具备基本公民所拥有的权利之外，高校学生还具备受教育者所享有的一系列的权利，所以高校管理工作者应确立“法治化”和“以人为本”的高校管理工作理念。也就是说，在强调依法对学生进行管理的同时，充分地保护高校学生的个性化发展，只有这样才能够确保高校学生管理工作的民主性和法治性，才能形成良好、和谐的校园环境。总而言之，高校学生管理工作者需要从学生的基本需要出发，树立高校管理工作的服务意识。除此之外，高校管理工作者还需要充分地尊重学生、强化学生的主体意识和责任感、提高学生自我管理的积极性，这些观念的实现将有利于高校学生管理工作的顺利开展。

（二）提高学生的法治修养，培养其法律思维方式

对高校学生法治观念的培养需要从以下几个方面努力。

第一，从根源上消除传统法治观念中的错误思想认识。在历史的发展中，中国的传统法律观念中存在消极的一面，这种消极的思想存在于大多数人的潜意识之中，并严重阻碍了现代正确法律观念的树立。传统的人治观念不仅产生轻权利、重义务，轻人本、重秩序，轻程序规范、重道德现象，而且还使法律工具主义和法律虚无主义思想蔓延。这种思想认识与现代法治观念相背离，究其实质是传统法治观念中人治的思想在作怪，对于学生的管理工作，学校管理者需要用多种方式对学生进行引导教育，一味地强调管理、服从，尤其是偏离法律轨道的管理，难免会对学校的管理产生不良的影响。有许多学校学生管理工作

者将法治、道德教化简单地对立，这是一种错误的思想，它们之间相辅相成、相互促进，但是它们之间又各有界限。因此，我们不能简单地将它们对立，只有把它们结合起来，才能提高学生管理法治化的科学性和有效性。

第二，培养学生的法律信仰。信仰是人的最高意识形态，能够给人强大的动力和能力。法律信仰并不是靠简单地学习法律基础知识，法律的强制、威严、强迫而形成的，而是社会公民发自内心的认同，对法律产生归属感、崇敬感，只有公民产生了法律信仰，法律的至上性和权威性才能够确立并得到维持。除此之外，法律信仰还可以拉近人们与法律之间的距离，使人们认识到法律不是一种障碍而是生活中的一部分。总而言之，建立起人们的法律信仰，使他们对法律产生崇敬感和归属感，对于实现高校学生管理法治化不仅是必要的，而且非常重要。

第三，强化学生的守法精神。具体说来，守法精神可以分为三个层面：一是守法是主体心甘情愿的，是他的一种道德义务。二是守法不能靠强制、压迫，这样只能让人们产生服从意识。三是守法是一种权利。这里我们所讲的守法精神是指主体不仅要遵守法律，而且要把守法当作一种义务，从被迫变成自愿，由强力守法变成良心守法。总之，提高学生的法治修养不是一蹴而就、一朝一夕的事情，而是一个渐进的过程。具体来说，提高学生的法治修养，培养法律思维方式的途径如下。

1. 加强学生法学理论和知识的学习

相关调查表明，多数高校法律教育的主要途径是通过公共课“思想道德修养与法律基础”来进行的。随着社会、经济的不断发展，高校学生与学生之间、学生与教师之间的关系不断发生改变，问题也层出不穷，仅仅依靠单一的法律基础公共课不能满足学生对法律知识的需求，开设以案例为导向的“行政法”“民法”“劳动合同法”“经济法”等多种法律选修课非常有必要，使学生在案例中加强对法学理论知识的认识。

2. 在校园内开展多种形式的法治实践宣传活动

在高校校园内可以定期、分阶段地开展法治知识讲座、法治知识竞赛，请高校法治方面的专家做法治知识专题讲座。除此之外，高校应设立法律咨询中心，为学生在实际生活中遇到的法律问题提供帮助和解答。

3. 开展实践性教学活动

例如，开展模拟法庭实践教学活动，由学生扮演法官、检察官、当事人、律师等角色，通过这种形式的教学可以充分调动学生学习的热情和积极性，还可以将模拟法庭实践教学活动在校内公开表演，塑造健康的校园法律环境，为高校学生管理法治化奠定法律文化基础。

（三）提高高校学生管理工作者的守法意识

高校学生管理工作者具备守法意识是其依法办事的前提。提高高校学生管理工作者的守法意识有以下三个方面的作用：首先，提高高校学生管理工作者的守法意识，有利于实现高校学生管理法治化。我国高校学生管理工作法治化才刚刚起步，许多方面还存在欠缺，对于学生的管理行为还缺乏相应的法律法规，因此，提高学生管理工作者的法治精神，才能够在缺乏法律法规的情况下，实现对高校学生管理工作的法治化。其次，提升高校学生管理工作者的守法意识，有利于依法制定高校学生管理法规。在高校学生管理工作中，如果学生管理工作者有意违反或者钻法律法规的空子，则无法实现高校学生管理工作的法治化。最后，提高学生管理工作者的守法意识有助于弥补现今高校学生管理工作的弊端。经过调查发现，我国高校中的规章制度违法、侵害学生权利的现象还比较多，究其原因就是因为学生管理工作者缺乏守法意识。总之，有必要提高高校学生管理工作者的守法意识。

具体来说，可以从以下四个方面提高学生管理工作者的守法意识：第一，高校学生管理工作者要改变传统的管理思想，确立“以学生为本、学生权利至上”的管理理念，注重用“学生权利至上”的理念对学校学生管理工作中的问题进行重新审视。第二，提高高校学生管理工作者的法治观念，高校可以通过举办专题讲座等方式，提高管理者的守法意识、法治理念。与此同时，管理工作者要自觉地养成严格依法管理的自觉性，遵守行政法的要求，按照法律的规范行事。第三，建立合理的守法监督机制，提高管理者的守法意识，仅仅依靠引导和教育是不够的，还需要外在的监督管理机制，如果高校学生管理工作者在管理工作中做出违反规章制度的事情，就应该受到相应的惩罚，承担一定的法律责任。第四，建立科学、合法的管理者工作程序，用合法的工作程序来确保高校学生管理工作者对法律的遵守，使其工作都在符合法律规范的程序内有条不紊地进行，从某种意义上来说，管理者按照程序管理办事就是守法的过程。

（四）确立并强化依法治校的办学理念

依法治校是我国社会主义的办学理念，也是实现依法治国基本方略的必然要求，是加快高等教育改革、推进教育法治化的重要路径。高校确立法治化的办学理念有助于利用法律手段解决高等教育改革中出现的新问题和新情况；有利于推进学校教育行政部门职能的转变；有利于保证学生的权益。确立高校法治化的观念有以下途径：第一，改变高校管理工作中重程序、轻人本，重惩罚、轻救济等传统观念，培养学生管理工作者和学生对法律的认同感、依赖感，逐渐形成法律信仰。第二，高校要兴起学法的氛围，学校的各级领导要带头学习法律，要依法对学校的事务进行管理，在校园内还要经常举办教育法制讲座，积极鼓励学生和学校工作管理者自学。第三，要特别加强高校学生管理工作者的法律意识，培养他们的平等观念、公正精神、法治理念等，并以法律法规来规范自己，尊重学生并为学生的全面发展创造条件。第四，在学校内部设立法律咨询服务部门，为教师、学生提供法律咨询方面的服务，形成灵活、形式多样的法律教育。

二、塑造高校法治文化环境

环境对人的学习和成长有巨大的作用，中国古代家教中“孟母三迁”的故事是中华民族重视教育的典型事例，孟母为了给孩子创造良好的学习环境，不惜劳苦迁家三次。孟子后来成为我国著名的思想家、教育家、哲学家，对中华民族的思想影响很大，被尊称为“亚圣”。由此可见环境对人的重要性，环境塑造人，同样也影响人。如果一个人在一个积极向上的群体里，他会受到群体氛围的影响奋发积极起来，并且逐渐被正能量充满。如果一个人经常在一个散漫堕落的群体里生活，并且没有坚强的意志、“咬定青山不放松”的信心，那么这个人极有可能被群体所同化，因为人都有惰性，当身边的人都沉浸在一种安乐、不思进取的状态下，即使再勤快、再优秀的人也会慢慢变成斗志全无的人。同样的道理，如果高校的学生生活在一种法治混乱、不依法办事、藐视法律的法律环境中，那么他们很容易受到这种环境的影响，久而久之，学生可能会出现违法乱纪、不尊重法律的现象。与之相反，如果高校学生生活在一种依法办事、法律至上、尊重法律、崇敬法律的校园环境中，学生长期受到这种氛围的熏陶，那么学生就很容易认可法律，形成法治修养和法律信仰。

法律意识的养成不仅要靠对法律知识的学习、运用，而且要为学习者塑造法治文化环境，因为法律意识的养成是在一定的外部环境下形成的。因此，高校学生管理工作法治化的实现也同样需要塑造法治文化环境，学校需要努力创设一切条件服务学生，保障学生的合法权益，这是高校实现法治化的基本态度。高校创造一种公平、法治的校园环境，能为高校学生创设、实施活动提供强有力的支撑，也能为高校学生的健康成长提供保障平台。当高校学生形成了法律信仰之后，就会在生活、学习中信任法律、运用法律。在现实生活中，当他们的合法权益受到侵害时，他们就会自觉地运用法律武器去维护自己的权益。一般来说，环境分为物理环境和精神环境两大类。物理环境主要是指那些可以真实观察到的、客观的环境。例如，教室环境的设置、学生座位的安排、墙体的颜色等，都属于物理环境。精神环境主要是指那些经过时间的洗礼、被人们保存和继承的优秀的精神文化产品，如尊老爱幼、尊敬师长等精神。同样，高校学生管理环境也分为物理环境和精神环境两大类。如今随着国家经济的快速发展，社会环境、校园环境发生巨大变化，这就使高校学生管理法治化工作变得更加困难。因此，从物理环境方面来说，高校的管理者需要制定科学合理的规划、周密的部署，加强对校园环境的有效治理，为保障学生的合法权益提供良好的校园法治环境；从精神环境方面来说，应进一步加强学校校园法治文化建设，尊重学生的主体地位，保障他们的权益不受侵害，努力营造与社会需要的人才相适应的学校学习软环境。因此，塑造高校浓厚的法治氛围，为学生学法创造良好的学习场景，提升学生的法律知识和法治意识，这不仅能够促进高校学生管理工作法治化，而且是我国素质教育的重要内容。高校学生管理的法治环境可以分为高校的内部法治环境和高校的外部法治环境。

（一）加强宣传教育工作，积极创设高校的内部法治环境

学生的成长和发展离不开校园内部法治环境的塑造，学校内部法治环境的塑造作为校园文化建设的一部分，是实现高校学生管理工作法治化的前提和基础。然而近年来，高校把主要精力都放在扩建、扩招和提升教学质量上，忽视了高校内部法治环境的建设和优化，甚至有些高校内部的法治文化环境出现倒退和恶化的趋势。

高校内部法治环境的缺失主要表现在以下三个方面：首先，学生作为违法犯罪主体的现象持续增多，如安然故意杀人案、药家鑫案、林森浩事件等，这些事件至今还历历在目、阴霾未散。北京大学法学院教授康树华所做的一项研究表明，近几年来，青少年犯罪占到社会刑事犯罪的 70% ~ 80%，其中大学社工犯罪比例约为 17%。其次，大学生作为受害主体的违法犯罪活动日益增多，大学生被骗传销案、女大学生被骗色、网络诈骗等事件层出不穷，这些事件都有一个共同的特点：犯罪分子利用大学生法律意识薄弱、自我保护意识差对其财产和人身进行侵害。最后，双方当事人是高校校园主体的纠纷诉讼和非诉讼的案例呈上升趋势，从早年的怀孕女生被勒令退学案到云南 74 名乙肝学生被勒令退学案等，这些案例都是高校校园法治建设缺失的表现。上面这些案例和现象无不表明加强校园内部法治环境建设迫在眉睫。

加强校园内部法治环境建设具体措施如下：第一，在对高校学生管理的工作人员进行培训时，需要增加教育方面的法律法规知识内容，在培训中应该结合具体的案例，使理论与实践相结合，强化他们依法管理学生事务的能力。第二，做好高校法律法规的宣传工作是创设高校法治环境的重要措施。如今我国已经出台了许多关于高校的法律法规，但是由于落实工作和宣传工作的不到位，使许多高校的学生甚至教师都对其不甚了解。因此，非常有必要加强对相关教育法律法规的宣传，把相关法律法规的宣传、学习工作贯穿到日常的学校工作之中，而且还需要具有持久性，要做好打“持久战”的准备。除此之外，还要经常在高校党政领导中进行相关教育法律法规的宣传和教育工作，让他们认识并且学习教育法律法规的重要性，使他们更好地为学校学生管理的法治化工作而服务。第三，充分利用学校校报、校园广播、学校贴吧和论坛、校园网络平台、校园宣传栏等多种媒体和传播手段，在校园里面形成“处处讲法、处处有法”的法律学习环境，以提高学生的法律意识和法治观念。第四，邀请一些专职的司法工作人员指导构建大学生法律援助组织，同时与司法专业机构保持联系，营造良好的法治学习环境。

（二）优化校园的外部环境，塑造良好的学生管理外部环境

高校学生管理工作的法治化离不开健康、法治化的外部环境，我们这里所指的外部环境主要包括学校的周边环境和社会环境。高校学生的法治管理不仅是指在校园内对学生进行依法管理，也指与学生有关的校园周边环境和社会环境。如果学校学生管理工作者只重视校内对学生进行依法管理，而忽视校外与学生有关事情的依法管理，虽然抓住了事情的主要矛盾，但是忽视了次要矛盾，因而是片面的，不能取得良好的效果。

因此校园外部环境的依法管理也非常重要，我们主要从以下几个方面提出建议：第一，优化学校周边的社区环境。学校不是一个孤立的团体，它与社会保持着紧密的联系，因此学校的安全和稳定离不开学校周边社区的建设。随着校园的开放和学生生活水平的提高，学校的生活、住宿条件不能满足学生的需求，很多学生开始在学校周边社区租房，并且租房的比例逐年增加。因此，学校和社区要共同抓好社区的管理工作，这不仅有利于学校学生的管理工作，而且还能够减少社区违法行为的发生。第二，建立一个安全的校园周边环境。教育部和公安部非常重视校园周边环境的安全，公安部不仅经常派相关人员到学校进行安全知识讲座，而且在学校周边偏僻的地方设置专门的岗亭来保护学生的安全。除此之外，高校应该和当地派出所签订安全责任书，聘请相关人员担任安全巡视，并建立一套高校安全应急措施。第三，制定高校安全保障措施。随着社会经济的发展，学校的内部环境和周边环境发生了巨大的变化，高校面对日益复杂的学生群体和多变的环境，应该在不与法律冲突的情况下，根据自身的特点，依法制定相应的高校安全规章制度和安全措施。我国曾颁布《普通高等学校学生安全教育及管理暂行规定》《高等学校校园秩序管理若干规定》等。

第三节　法治管理制度建设与教育行政执法机制相互配合的高校学生管理法治化路径

一、高校学生管理制度的法治化建设

高校学生管理制度的法治化是相关主体必须遵守的秩序和规则，是为了稳定和持续群体活动和社会关系的法则，是在高校这个特定场域当中相对稳定和正式的规范体系，同时也是集体行动控制个体行动的外在表现形式。从此定义中可以看出，高校学生管理的法治制度具备以下四个特点：第一，法治性。高校学生管理制度应当根据国家的法律法规和高校规章制度去制定和实施，其应当始终贯彻和遵循依法治校的根本理念。第二，确定性。明确规定相关主体的责任、权利、义务，还包括对行为的规范以及相对应的处罚措施。第三，公平性。制度所涉及的对象，无论身份、性别等，在相同性质的事务当中，都要遵循相同的规则。第四，权威性。制度对于其执行者和对象具有强制性的约束力。

高校学生管理制度的法治化对高校的法治化建设具有重要的作用和意义，集中体现在以下几个方面：第一，法治管理制度作为一种规则的存在，为了达到建设高校学生管理法治化的目的，规范人们的行为，制度的内容决定了人的行为方式、方法等；第二，法治管理制度是高校生存和发展的基础，法治制度将民主、自由、公平等法治理念融入制度的规范当中，不仅仅是在口头和形式上，而是形成一种规则在运行，这是现代大学生存在和发展的基础和前提；第三，兴利除弊，管理制度涉及高校学生管理事务的各个方面，在一个比较广泛的范围内能够有利于高校法治化建设的事务，同时也能够对阻碍高校法治化建设

的事务予以规范和惩罚。

（一）高校学生管理制度法治化建设的理念选择

高校学生管理制度的法治化建设是高校人才培养的保障，制度建设的合法性、合理性、科学性的程度取决于其所扎根的理念。理念是制度建设的根基，如果理念本身存在严重的误区或认识不清的情况，那么也就很难保障法治制度建设的质量和效益。

我国高校学生管理制度的法治化建设理念坚持中国特色的社会主义法治理论体系，并始终贯彻社会主义民主与法制建设的目标和实践发展。随着依法治校、依法执教的理念不断深入人心，高校的法治管理制度建设也渐渐步入轨道。中国特色社会主义法治理论强调要不断推进法治理论创新，扎根于中国的国情和特色，遵循社会发展规律法治理论。这一理论是马克思主义法学理论体系的重要组成部分，充分体现了一切为了人民的利益这一基本原则，是中国特殊国情与世界法治文明建设进程的连接，遵循着现代性法治的普遍要求和一般性规律。中国特色社会主义法治理论是中国法治化建设和实践的先导，更是高校学生法治管理制度建设的指导，法治理论的科学性和先进性的程度决定了制度的文明和合理程度。

运用中国特色的社会主义法治理论来建设高校学生法治管理制度，需要注意以下三个方面：第一，现代大学管理制度建设与现代大学法治建设的关系是统一在依法治校的路径之上的，管理制度的建设是法治建设的保障，同时法治化是现代大学的重要特征，也是大学发展的必然要求；第二，在学习和引荐国外大学法治管理制度的同时，要充分考虑中国和区域的特情，取其精华去其糟粕地吸收国外的经验，同时要加强对符合国家和地方发展的制度建设的研究，发挥科研力量在制度建设中的监督、反馈、促建的功能；第三，坚持以改革创新为动力促进高校学生法治管理制度建设的进程，使管理制度建设立足于国情、省情和学习实际，同时要顺应时代的要求。

同时，还要清晰定位高校学生法治管理制度建设的属性关系：第一，明晰教育和行为规范的关系。高校的教育和活动涉及思想品德、心理素质培养、社会服务等思想建设层面的教育事务，那么在法治管理制度建设和实践的过程中应当注重制度建设和学生思维思想的培养结合。第二，认清制度约束和道德约束的关系。管理制度的权威性决定对相关的主体具有强制性的效力，而道德约束是从个人的品德修养和社会性规范共同发挥作用的价值体系，在学生管理法治建设的相关事务当中，有些需要用管理制度强制性执行，有些却不适宜用强制手段，要针对不同的事务来确定是采用制度约束还是道德约束更为合适，其最终都是以学生的发展为目标。第三，处理好高校法治管理制度与政策之间的关系。高校的管理制度建设要在政策指导和大学自治之间寻找一个适宜高校自身发展的平衡点或者路径，避免过度依附于政策或者脱离政策指导的两种极端倾向。

（二）高校学生管理制度法治化建设的主要内容

高校学生管理制度的法治化建设是依据我国的法律法规，诸如《中华人民共和国教育法》《中华人民共和国高等教育法》《普通高等学校学生管理规定》等，同时还要围绕《教育规划纲要》提出的要求以及相关主体的需求，进一步增强建设现代大学法治制度的科学性和合理性。

法治的管理制度是现代大学的重要特征，完善的法治制度的建设和实践能够使刻在石碑上、写在书卷中的大学理念和精神指示真正在实践中得到贯彻和落实，并进一步内化为师生的内驱力。所以，高校学生管理法治化建设不单单是现代大学的必然要求，更是高校能够高效、可持续良好运转的根本保障，其作用是广泛而深远的，是高校内涵式发展的有效路径。

高校学生管理制度的法治化建设应重点围绕大学的管理体制与运行机制来进行，其主要内容包括以下几个方面：第一，依法建立起分工合理、职责明确的内部治理组织机构，并形成精干高效的教学、科研、社会服务、管理、执行和校内服务团队；第二，有一整套健全、完善、管用、充满活力的制度保障体系，且能不断革新、完善、与时俱进；第三，依规合理配置和平衡学术权力与行政权力，保障教师、学生的学术自由，使基层学术组织充满活力，在学术性事务、学术性评价、考核、晋升等方面真正发挥“教授治学”的作用，体现学术自治、创新和学术至上的原则；第四，有较为完善的激励制度和评价机制，保证教师专心从事教学科研，培养人才，创造成果，保证学生勤奋学习，发展个性，全面提升素质；第五，合理界定自己的办学使命和特色，并通过规章制度使其稳定和规范，不断促进内涵发展，提升办学理念，创新办学思想，使面向社会依法自主办学的绩效得到校内外的广泛认可；第六，校园文化浓厚，民主和谐，秩序井然，校风优良，学风严谨，人文法治环境优雅。

（三）高校学生管理制度法治化建设应遵从的原则

实现高校学生管理制度的法治化建设，是高校依法治校建设的重要基础和组成部分，其本质是法治建设和学生培养的完美融合，体现了民主精神、公平正义精神、善治精神、理性精神以及和谐精神的统一。高校学生管理要实行法治制度建设，必须充分体现法治精神，这就要求高校的制度建设和实践要坚持以下法治原则。

第一，合法性与合理性同行的原则。合法性原则是指高校学生法治管理制度必须以国家法律法规为依据、符合法律，绝不能与法律相抵触。合理性原则是指高校所制定的制度要符合学校的实际，尊重师生的切实需求，制度的内容和实施要客观、适度、符合理性。法治制度建设应当同时兼顾合法性与合理性，使两者相得益彰，互相补益。

第二，实效性原则。实效性原则是指高校学生管理制度的可行性、可操作性，以及实施效果所要达到的目标的要求程度。在制度设计、制度实施、制度监督与评估的过程中，要注重制度的科学性、可操作性，切实提高制度建设的实效性水平。

第三，程序正当原则。程序正当原则是程序正义与实体正义的高度统一，要求在高校学生管理法治化建设的过程中坚持公正、正义的原则。程序正当源于自然法观念，包含两项最低程序公正的标准：一是任何人不能审理自己或与自己有利害关系的案件；二是任何一方的诉词都要被听取。

正当程序的要求、标准如下：①事前通知利益关系人；②听证；③辩解和代理人辩解；④行政主体大公无私；⑤行政过程必须是理性推论过程；⑥自由裁量必须由程序控制；⑦行政效率应当从相对人方面考虑；⑧程序违法的行政行为应当视为无效。同时，还应当充分融入民主参与的机制，使相关主体都由平等机会参与到制度建设和实施的过程中来。

第四，权利保障原则。高校学生法治管理制度建设以保护学生的合法权利为核心，囊括了所有学生的生活、学习等事务。学生首先享有公民的权利；其次应当享有完全行为能力人的权利；最后是大学生作为一个学习者，享有学生身份所特有的权利。高校必须依法制定制度，并付诸实施具体的管理行为，而学生在校期间享有的权利既不能低于法律所规定的标准，也不能超出法律所规定的范围。

（四）完善高校学生管理制度的纪律处分程序

在高校的日常管理过程中，学校的制度和管理发挥着约束和行为引导的作用，当学生违反学校规章制度的时候，学校应当依据管理制度给予相应的处分。关于处分的轻重、学生行为性质的判定、学生权利的维护等方面出现了很多纠纷，产生这些纠纷主要是因为处分程序出现了问题。

高校对于学生处分的一般方法是，学生写一份书面的事件经过的检讨，交由学校管理部门做出处分决定，管理部门商定后公布处分决定。在处分过程中，高校一直处于主导地位，完全控制了整个处分的过程。我国颁布的《普通高等学校学生管理规定》中明确指出：学校对学生的处分，应当做到程序正当、证据充分、依据明确、定性准确、处分适当；规定了高校处分学生应当遵循学生陈述和申辩、校长会议研究、送交本人、提出申诉、申诉处理、学生的奖励和处分材料归入档案；明确要求高校应当成立学生申诉处理委员，同时明确规定了处分的内容、形式及期限等问题。

健全和完善学生管理制度的纪律处分程序应当从以下几个方面着手：第一，高校学生管理规章制度应当严格按照《普通高等学校学生管理规定》执行，通过鼓励学生参与到学校管理制度的法治化建设当中，提高管理制度的公正性和民主性。第二，通过教育行政机关运用行政监督的方式方法，对高校学生管理制度的制定和实施进行监督和审查，可以划分为事前监督和事后监督。事前监督是预防性的监督，高校的管理制度的制定应当经过主管教育行政机关的批准。事后监督是修正性的监督，是对高校执行管理制度的过程的监督。第三，落实申辩制度，高校有责任保护学生的申辩权，特别是对于学生可能产生不利影响的处分，学生有权利为自己的权益进行辩解。第四，规范听证管理制度，主要是为了防止侵犯学生权利的事件发生，同时也是高校学生管理法治化程度高的重要表现。

（五）高校学生管理制度的执行必须体现司法公正

高校在执行管理制度的过程中要体现司法公正，就要做到管理制度具有可操作性、执行过程严格、运行规范和监督有力。管理制度体现司法公正应当从制度执行、运行规范、执法监督三个方面展开，具体做法如下。

第一，在制度执行方面，要严格按照学校的规章制度去执行，对全体师生高度负责，坚持有错必纠、违规必罚的原则，严格把控事实材料、证据收集、行为定性、处理决定等程序关，防止出现有空可钻、漏洞可乘、缺乏公正、独断专权等问题和现象。

第二，在运行规范方面，要加强组织管理，完善组织建设，不断提高执行水平。一方面是健全学校管理机构的职能和职责的划分，明确管理界限，构建科学合理的管理制度和执行机制，做到责任分工清楚，工作任务明确；另一方面是提高管理队伍的法律意识和法律素质，提高执法水平。

第三，在执法监督方面，要坚持校务公开，自觉接受监督。这不单单要求学校的有关监管部门充分发挥作用，还要动员学生、老师以及社会力量参与到监督中来；既要维护高校学生管理制度的权威性、严肃性，也要维护学生的合法权益。

（六）完善学生权利救济的管理制度

随着高校依法治校进程的不断推进，师生的权利意识不断增强，逐渐认识到权利救济对权利保障和权利实现的重要意义。权利救济是权利人的实体性权利受到侵害的时候，通过一定的程序和途径解决权利冲突或纠纷，并由相关机关或个人在法律允许的范围内给予一定的补救措施消除侵权危害，以保护权利人的合法权益。完善学生权利救济的管理制度应当从以下几个方面着手。

第一，完善申诉机制。首先，高校学生提出申诉的范围应当严格按照《中华人民共和国行政诉讼法》《中华人民共和国教育法》和《普通高等学校学生管理规定》所规定的范围执行，主要包括学生对学校的处分决定不服的、学校侵犯学生权利的职务行为、学校应给予的奖励、资格证没有依法颁发的、学校其他侵犯学生权利的行为；其次，成立学生申诉委员会，委员会的成员应由教师、学生、管理者和法律人士组成，同时学生申诉委员会应当是独立的机构，只接受全校师生的监督，不受学校职能部门的领导；最后，学生申诉委员会的成员由全校师生代表投票选举产生，其结果向全校公布，以保障选举的公平、公正，形成一个自我监督和制约的机制。

第二，完善高校的听证机制。彻底破除学生管理过程中的封闭式操作，从管理制度的层面上建立。听证人员方面应当有学生代表参与，多元主体的参加更有利于维护学生的权益，同时也避免了单方面的主观判断的处分决定。听证程序必须依照公平、公正、正式的原则。

第三，完善复议和教育行政诉讼制度。这是针对高校以外的教育行政部门而言的，行政复议作为一种事后的救济手段，具有免费服务、审查纠错、节省司法资源等优越性，应当纳入高校法治化建设的系统当中。教育行政诉讼通过救济的方式来审查高校的管理行为，是保障学生权利实现的重要途径，特别是在高校学生管理的过程中出现法律纠纷无法调和的时候显得尤为重要。

二、高校学生管理法治化的教育行政执法机制建设

广义上的执法是指国家行政机关、司法机关和法律授权、委托的组织及其公职人员，依照法定职权和程序，贯彻实施法律的活动，它包括一切执行法律、适用法律的活动。对于高校而言，执法机制的建设主要是教育行政执法。所谓教育行政执法是指国家行政机关及其所属工作人员在现实生活中实施教育法规的活动，是有关行政机关及其工作人员按照法定职权和程序所采取的直接影响公民、社会组织或其他社会力量有关教育的权利和义务，或者对其教育权利与义务的行使和履行进行监督的具体行政行为。

高校的教育行政执法机制应当包括以下几个方面的内涵：第一，执法的主体应当是各级教育行政机关和高校，前者为外部执法，后者为内部执法；第二，执法活动和程序必须依照国家法律法规的规定执行，并遵循法定的程序严格执行；第三，执法过程是国家法律法规和学校规章制度的贯彻和实施的过程；第四，执法行为是对相关主体的权利和义务施加影响的行政管理行为。

（一）健全和完善高校学生管理的外部执法机制

高校学生管理的教育行政执法机制不仅仅是高校本身执法机制的完善，而且是寄托于整个执法机制网络系统之上的，所以高校学生管理执法机制的建设应当融合外部执法和内部执法两个方面，两者之间是唇齿相依的关系。目前，我国的高等教育行政执法机制建设存在诸多问题，如执法依据不够完善、教育行政执法机构缺乏、执法的职权范围不清、执法程序不规范等问题。健全和完善高校学生管理的外部执法机制应当从以下几个方面着手。

第一，从国家和地方教育立法的角度着手，为教育行政执法的实施提供依据，通过颁布新法或者对旧法的修正，坚持从教育发展的实际出发，尊重教育发展规律，提高高等教育立法质量，为高校的教育行政执法提供操作性强、针对性强、内容科学合理、实效性高的依据。

第二，建构外部执法机制应当遵循合法性原则、合理性原则、越权无效原则。合法性原则是指教育行政执法要遵循职权法定、程序法定、责任法定和方式法定等法治的基本要求；合理性原则是指教育行政执法必须要考虑执法动因符合立法目的、执法内容符合情理、执法手段合乎客观规律等方面的因素；越权无效原则是指教育行政执法不能超越法定的范围，否则被视为无效行为和后果，应当避免越级行使职权、滥用职权、自行创设新职权等现象出现。

第三，外部教育行政执法机制要形成自我监督、具有自律性的机制，通过监督机制、责任划分机制、管控执法手段等途径实现教育行政执法主体的自我约束、自我监督能力，同时还要加强第三方监督机制，使教育行政执法机制的自我监督更加科学有效。

（二）建立和健全高校学生管理的内部执法机制

高校学生管理的内部教育行政执法是高校内部的行政职能部门依照法定和规定的职权和程序管理学生事务的活动，其本身具有特殊性，这种特殊性来自高校的自治。因此，高校内部教育行政执法在法治的基本原则和要求之下应当形成高校自身的执法特色。

第一，高校学生管理的内部执法机制应当遵循以人为本、程序正当、比例、责任法定等原则。以人为本的原则要求高校在执法的过程中始终坚持一切为了学生的全面发展而服务，摒除从处罚的角度去执法，而是从学生发展的角度去执法；程序正当原则要求高校的教育行政执法保证程序的公平、公开、公正；比例原则要求行政权力的行使必须有法律依据，并且还要选择对学生侵害最小的方式进行；责任法定原则要求高校成立相应的维权机构，并依据法律明文规定追究法律责任，以加强对行政人员的约束和管理，为师生的权利救济提供便捷合法的途径。

第二，建立专门的教育行政执法机构，全面提高管理者的执法素质。在建立教育行政执法机构方面，要深化执法机构的改革，调整院系的智能结构，合理分配行政权力和学术权力的格局，形成民主与科学相统一的执法机构；提高管理者的执法素质主要从法律知识的普及和应用、管理者或执法人员的法律培训和进修、建立执法活动监督体系、培养管理者的服务意识等几个方面展开。

第三，规范教育行政执法工作方式，执法的内容和方式要合理、合法。在规范工作方式方面，应当做到执法程序公开、加强可操作性和确定性、完善听证制度、坚持处理决定送达制度、利害相关人员回避等，以增强执法工作的规范性；在执法的内容和方式方面要做到职权法定、立法优先、处罚合理、裁量适度等方面的要求。

第四，充分体现教育行政执法的服务理念，扩大教育行政执法的职责范围。在执法职能将服务理念融入管理制度和实践实施的过程中，不断丰富教育执法的方式方法。扩大教育行政执法的职责范围，积极尝试和探索行政调解、行政合同、行政指导等执法方式，促进高校学生管理方式的优化。

（三）建立和完善高校学生管理的执法监督机制

高校学生管理构建教育行政执法监督机制，倾向于高校内部的行政监督，是对有行政职权的部门的管理活动的监督，而外部的监督转化为各级教育行政部门对高校执法活动的监督，重点是对高校内部的行政监督。对高校学生管理的执法活动的监督具有一定的强制性和权威性，而监督的效力来源于高校的规章制度，通过建立监督机制形成处罚机制、救济机制、责任机制等，同时要保障监督的效力不应当与国家的法律法规效力相抵触，这样才能使监督发挥其激励和约束的作用。建立和完善执法监督机制应当从以下几个方面着手。

第一，教育行政执法监督机制的建构应当遵循间接性原则、法律实效性原则、阶段性差异原则等。间接性原则是指监督行为应当避免直接指导的方式方法成为行政执法的阻碍，降低行政执法的效率，应当以间接性调整为主要手段，以合理性和合法性为标准对行政执法活动进行评估。法律实效性原则是指执法监督机制不能是流于形式的摆设，而是一种稳定、长久的机制，应建立规范明确、机构设定合理、监督后果负责、责任机制健全的监督体系，切实提高监督机制的实效性。阶段性差异原则主要是指事前监督强调防范性和预防性，事中监督强调修正性和跟踪性，而事后监督强调纠错性和惩戒性。

第二，加强内部教育行政执法监督机制。首先，要不断提高教育执法人员的法律素质，建立以解决实际问题为导向的教育培训和工作坊，不断增强教育执法人员的工作责任感，树立良好的职业道德自觉性；其次，要建立和完善教育行政执法监督部门对执法人员和执法活动的追究和纠错机制，违规执法、不严格执法的要承担相应的责任；最后，执法监督要以保护学生合法权益和满足学生全面发展为目标。

第三，引入第三方监督机制，提高监督机制的多元主体参与水平，促进监督机制的科学化和公正化。高校学生管理的教育行政执法要接受学生家长、社会人士的监督，这是提高高等教育人才培养质量的有效途径，也是避免高校独断专权、减少高校法律纠纷的有效手段；还要接受社会舆论的监督。这就要求高校做到高校学生管理事务的透明化，向社会舆论公布，让更多的主体参与到高校学生管理工作当中，从更深、更广的层面推进高校学生管理法治化进程。

参考文献

[1] 孙小龙，沈红艳，江玲玲．国际视野下高校学生事务管理发展研究 [M]. 北京：中国书籍出版社，2019.

[2] 黎海楠，余封亮．高校学生管理与和谐校园 [M]. 长春：吉林出版集团股份有限公司，2021.

[3] 莫新均．高校学生管理模式与创新 [M]. 延吉：延边大学出版社，2019.

[4] 李玲．高校学生管理工作创新研究 [M]. 长春：吉林人民出版社，2020.

[5] 孙强．当代高校学生管理模式与制度研究 [M]. 北京：地质出版社，2018.

[6] 宁晓文．高校学生管理模式的探索与创新 [M]. 长春：吉林大学出版社，2019.

[7] 侯瑞刚．新时代高校学生管理工作创新研究 [M]. 北京：中国水利水电出版社，2019.

[8] 莫春梅．服务与发展理念下的高校学生管理研究 [M]. 北京：中国原子能出版社，2020.

[9] 余敬斌．高校学生管理工作模式创新研究 [M]. 长春：吉林文史出版社，2018.

[10] 陈虹，李艳琦，许婧伟．高校学生管理工作案例集 [M]. 天津：天津社会科学院出版社，2018.

[11] 唐杰．人力资源管理理论在高校学生管理中的应用研究 [M]. 成都：电子科技大学出版社，2018.

[12] 应培礼．高校学生事务依法管理研究 [M]. 上海：复旦大学出版社，2018.

[13] 王文杰．高校学生事务管理工作案例选编 [M]. 北京：光明日报出版社，2018.

[14] 成冠润．上海高校学生公寓“六 T”管理的理论与实践 [M]. 上海：东华大学出版社，2018.

[15] 王文杰，王海燕．春风化雨：高校学生事务管理工作案例选编 [M]. 北京：光明日报出版社，2018.

[16] 彭晓琳，陈钧．创新驱动下的高校服务育人模式研究：成都学院学生事务管理改革的理论与实践 [M]. 北京：光明日报出版社，2018.